大学英语教学改革研究

Research on College English Teaching Innovation

应慧 著

中国海洋大学出版社
· 青岛 ·

图书在版编目（CIP）数据

大学英语教学改革研究／应慧著．－－青岛：中国
海洋大学出版社，2023.4
ISBN 978-7-5670-3456-3

Ⅰ.①大… Ⅱ.①应… Ⅲ.①英语－教学改革－研究
－高等学校 Ⅳ.①H319.1

中国国家版本馆 CIP 数据核字（2023）第 046150 号

出版发行	中国海洋大学出版社	
社　　址	青岛市香港东路 23 号	邮政编码　266071
出 版 人	刘文菁	
网　　址	http://pub.ouc.edu.cn	
订购电话	0532-82032573（传真）	
责任编辑	杨亦飞	电　　话　0532-85902533
印　　制	青岛中苑金融安全印刷有限公司	
版　　次	2023 年 4 月第 1 版	
印　　次	2023 年 4 月第 1 次印刷	
成品尺寸	140 mm×203 mm	
印　　张	5	
字　　数	100 千	
印　　数	1～1 000	
定　　价	35.00 元	

发现印装质量问题，请致电 0532-85662115，由印刷厂负责调换。

·前　言·

　　高等外语教育是高等教育的重要组成部分,覆盖全、规模大、责任重。

　　大学英语课程是高校非英语专业的公共基础课,教学对象广,涉及大部分专业,课时量较大且持续时间长,在人才培养方面起着广泛且重要的作用。在全球治理视野下,大学英语课程所承担的人才培养任务发生了变化,不仅要从外语学科角度培养学生的语言技能,更要肩负起培养学生国际化素质的使命任务。同时,随着产业革命的发展,"四新"建设理念对外语教育提出了新的要求。在这样的形势背景下,大学英语教学呈现出多种改革趋势,如课程思政的融入、教材的改革、专门用途英语的发展、混合式教学。如何适应全球治理背景和"四新"建设对人才培养的要求,充分把握大学英语教学改革的趋势,进行课程建设和教学改革,是亟待解决的问题。

　　目前,大学英语教学普遍存在如下问题:传统的英语教学理念源于国外的理论语言学和应用语言学理论,已经不再适合我国发展对国际化人才的需求;课时量减少与课程目标要求提高存在矛盾;混合式教学模式的趋势与课程特点存在矛盾;大学英语课程如何实现思维培养,适应高等教育培养高阶思维的要求;专门用途英语热度不减,但其发展不如通用英语;教师队伍作为大学里的特殊群体,如何实现自我发展;等等。这些是制约大学英语教学的因素,使得教学难以取得改革性的突破。

本书以全球治理和"四新"建设为背景,分析了大学英语教学改革的新要求,从论述外语教学改革的理论依据出发,根据大学英语课程在人才培养中的作用,分析目标要求的改变和实现策略,尝试回答大学英语教学改革中存在的问题。本书对理念和策略的动态革新体现为以下方面:一是基于全球治理的背景要求,分析对课程教学改革的动态要求,将课程聚焦于培养国际化素质的要求;二是从课程思政育人、思维培养创新、职业素养融入三个方面探寻大学英语教学改革的策略、模式和方法。目的是适应时代要求,培养学生的家国情怀与国际视野,以人文思维培养发挥课程的人文性育人作用,针对未来岗位融合专业为学生奠定职业素养基础,实现课程工具性目标,充分实现大学英语课程在人才培养中的作用。

本书以教学课例的形式展示了教学改革策略,体现了可操作性。其中,课程思政和思维培养的教学案例分别在2020年及2021年获得外语教学与研究出版社"教学之星"大赛全国复赛特等奖。

笔者希望本书能够为广大外语教育教学工作者提供改革探索的理论和实践方法。

限于作者水平,书中存在不足,敬请专家、读者批评指正。

应 惠

2022 年 9 月 26 日

·目　录·

第一章
大学英语教学改革新形势

　　随着我国经济的快速发展,我国从被动参与全球治理转为主动推进,逐步成为全球治理的引领者。这种引领既是国内外形势发展使然,也是我国在全球治理过程中自觉自信的表现。引领全球治理要坚持人类命运共同体的价值取向。在全球治理和人类命运共同体的背景下,高校需要把握英语教育教学的战略定位,聚焦学生的国际化素质培养,提升大学英语教学的视野格局。

　　除了全球治理和人类命运共同体背景,英语教育工作者还要关注新科技革命和产业变革给人才培养带来的影响。2019年启动的"新工科、新医科、新农科、新文科"(简称"四新")建设是高等教育迎接新时代的主动作为。大学英语教学对象覆盖所有专业,应该将"四新"建设对人才培养的要求纳入大学英语教学视野。

　　在上述背景下,大学英语教学改革势必要提升深度和广度,主动迎接新形势下的挑战,深化实现英语教学到英语教育的转变。但是就目前来看,大学英语教学未能完全跟上新的形势发展。

第一节　大学英语教学改革背景

一、全球治理视野下的大学生国际化素质培养

全球治理观是习近平总书记于 2017 年 10 月 18 日在党的十九大报告中提出的治国理政方针理论。"共商共建共享"是我国秉持的全球治理观的内容。

(一) 人类命运共同体与"一带一路"倡议

引领全球治理要坚持人类命运共同体的价值取向。人类命运共同体倡议将每个民族、每个国家的前途命运都紧紧地联系在一起，产生日益广泛且深远的国际影响，标志着我国进入了引领时代潮流和人类文明进步方向的新时代。习近平总书记指出："没有哪个国家能够独自应对人类面临的各种挑战，也没有哪个国家能够退回到自我封闭的孤岛。"世界各国要顺应时代发展潮流，做出正确选择，齐心协力应对挑战，开展全球性协作，构建人类命运共同体。

2012 年 11 月，党的十八大报告明确提出要倡导人类命运共同体意识。人类命运共同体适应了新时代的特征，成为我国的基本方略之一，已被多次写入联合国文件。王定华、杨丹将 2012 年视为重要的时间节点，他们认为 2012 年至今是中国外语教育的第八个阶段——"外语教育进入新时代"。外语教学的新阶段发展与人类命运共同体理念的发展密切相关。2013 年秋，习近平总书记提出了共建丝绸之路经济带和 21 世纪海上丝绸之路重大倡议。2017 年 10 月 18 日，习

近平总书记在党的十九大报告中提出坚持和平发展道路,推动构建人类命运共同体。2019 年 10 月,中国共产党十九届四中全会审议通过的《中共中央关于坚持和完善中国特色社会主义制度、推进国家治理体系和治理能力现代化若干重大问题的决定》提出坚持和完善独立自主的和平外交政策,推动构建人类命运共同体。

人类命运共同体体现了新时代的特征,提出了新的使命任务。共建"一带一路"倡议正在成为我国参与全球开放合作、改善全球经济治理体系、促进全球共同发展繁荣、推动构建人类命运共同体的中国方案。在新的历史定位中,我国应对服务国家的外语教育进行重新规划。如何对外语教育进行改革,使其适应我国现在和将来的发展,对于外语教育工作者来说是一个亟待思考的问题。

(二)大学生国际化素质培养模型

国际化素质是伴随着涉外事务诞生的人才能力素养需求,其本质是跨文化交际能力,但是依托不同语境而拓展出不同的外延意义,超越了跨文化交际能力。

随着全球化发展,国外不同领域的专家学者对全球交际能力进行了解读。例如,国外学者以全球化为背景,从传播学角度解析了全球交际能力的意义及构成要素。全球交际能力模型包含彼此影响的四个层面:全球思维、敞开自我、绘制文化地图和加入互动。但是,国外学者对于全球交际能力的解读大多欠缺要素间联系,且要素存在重叠,最大的问题是他们站在西方视角,忽略了价值观在国际化素质中的重要导向作用。基于跨文化交际能力和全球能力的模型,笔者尝试构建国际化人才需要具备的国际化素质模型,如表 1.1 所示。

表 1.1　国际化素质培养模型

知识层面	专业、人文、政治、法律等
能力层面	语言、思辨、合作、管理等
行为层面	涉外、沟通、礼仪、领导等
思维层面	跨文化意识、国际视野、思辨、终身学习等
态度层面	家国情怀、人类命运共同体意识等

国际化素质模型基于全球交际能力构建,充分考虑人才培养要求,将大学生的国际化素质分为知识、能力、行为、思维和态度五个层面。

第一,知识层面包括专业、人文、政治、法律等。大学生在未来工作中参与国际事务和行动往往基于其专业或职业领域,因此,需要夯实专业知识。例如,掌握汉语和外语知识,理解中外历史、社会和文化等,是有效沟通和处理跨文化冲突的前提;理解国家大政方针,能够确保立场鲜明、站位清晰;掌握相关法律常识,才能运用法律法规进行涉外工作。

第二,能力层面包括语言、思辨、合作、管理等。外语能力是从事涉外工作必备的关键能力,国际化人才以语言的工具性作用和语用特性实现沟通交流;思辨能力或批判性思维能力是国际化人才灵活应对繁杂具体的涉外工作必备的思维能力;跨文化能力是参与者能够在了解他文化的基础上,与他文化成员进行沟通和合作的能力;在全球治理背景下,工作的主体是各种组织,管理能力是提高工作成效的必备能力。

第三,行为层面包括涉外、沟通、礼仪、领导等。在涉外工作中,国际化人才要能够主动发现问题并解决问题。沟通是指主动协调、磋商,并能够因势利导的行为;礼仪是指以相互尊重、主权平等为基础,遵循相关国际公约和国际惯例的行为;领导则涵盖筹划、组织、管理、激励等系列行为。

第四,思维层面包括跨文化意识、国际视野、思辨、终身学习等。跨文化意识涵盖多元文化意识、本位文化意识和语境意识;国际视野是从全球的广度,基于世界历史和国际形势,透彻领会国家方针政策,客观全面地认识问题的意识;思辨即批判性思维,是一种理性的反省思维;终身学习是学习理念,支撑学习者持续主动构建个人能力素养。

第五,态度层面包括家国情怀、人类命运共同体意识等。家国情怀是对国家和人民的深情大爱,对自己国家的高度认同感、责任感和使命感;人类命运共同体意识是指基于各国人民的长远礼仪和根本利益,谋求共同发展,开放共赢。

五个层面相辅相成,形成相互联系与影响的循环,持续推动国际化素质提升。学生通过多学科知识的学习,形成处理问题的能力,具备恰当的行为方式,在学习过程中形成意识及情感态度。基于情感态度,学生借助终身学习的意识进入新的学习循环,在走上工作岗位之后也能够持续生成能力,适应国家全球治理对人才培养的动态要求。

（三）国际化素质培养对大学英语教学的影响

在全球治理的视野下，大学英语是实现国际化素质培养的关键课程，课程的目标内容与国际化素质构成的五个层面密切相关，能够从不同角度帮助学生持续提升自身的能力。

一是传授语言、文化知识，包括课文内容承载的人文社科类知识，为学生拓宽视野。

二是形成听、说、读、写、译的英语技能，有助于学生的阅读、表达和演讲等语言技能的提升，使学生具备从事跨文化合作的基本技能。英语技能是学生从事涉外工作的关键能力，为他们日后游刃有余地处理跨文化问题奠定基础。无论学生未来选择什么专业，从事什么工作，语言能力都是基础。以英语为媒介，兼顾汉语能力，可以直接提升学生的读写能力、口语表达能力和沟通能力。将语言能力置于跨文化背景下进行教学，有助于学生具备跨文化合作的技能。

三是培养学生跨文化交流相关的行为素养，并通过组织语言实践活动等兼顾学生的领导和管理能力。从事跨文化工作的行为能力与语言能力关系密切，但又不同于语言能力，涵盖礼仪、仪态、言谈、团队合作、沟通等，既是学生的基本生存能力，又是其现实发展能力。

四是在知识技能行为教学基础上融入思维培养，培养学生的跨文化意识和批判性思维能力。意识是人的头脑对客观世界的现实反映，是思维培养的基础。教师在大学英语课程中要训练学生的思维，让学生主动运用批判性思维追根溯源，形成思辨能力。

五是通过语言文化教学,提升学生的家国情怀和人类命运共同体意识。教师应引导学生在外国语言文化学习中反观中国文化,培养学生的家国情怀、民族情感,使学生发自内心地热爱祖国、热爱人民,深刻领会人类命运共同体的理念,意识到将英语运用到跨文化工作中的目的是谋求共同发展。

从上述影响来看,随着我国的发展,大学英语教学从理念、目标、内容到方法手段都在发展、变化。大学英语课程不再是单纯聚焦于英语学科的语言课程,教师应在为国育才的大背景下重构教学理念。课堂教学需要从对学生英语技能的训练,拓展到对其进行思维培养、能力培树、情怀育成,同时,应结合学生的专业发展和未来工作,为其奠定未来专业和职业基础。

二、"四新"建设对大学英语教学的新要求

为主动迎接新科技革命和产业变革的机遇与挑战,教育部、中央政法委、科技部等 13 个部门于 2019 年 4 月 29 日在天津联合启动"六卓越一拔尖"计划 2.0,全面推进"四新"建设,以提高高校服务经济社会发展能力。

(一)"四新"建设的内涵

大学英语教学面向所有高校非英语专业学生,教学对象广泛,涉及所有学科专业,教师需要了解新时代背景下国家对高校人才培养的需求,从而找准定位,有效地介入人才培养工作。2020 年 10 月,教育部高等学校外语教学指导委员会发布《大学英语教学指南(2020 版)》在课程设置上明确

大学英语教学的主体内容可分为通用英语、专门用途英语和跨文化交际三个部分。

"新工科"对应的是新兴产业，指针对新兴产业的专业，如人工智能、智能制造、机器人、云计算，也包括传统工科专业的升级改造。为了应对第四次工业革命的需要，应加强战略急需人才的培养。

"新医科"指为适应新一轮科技革命和产业变革的要求，医疗教育应从以治疗为主转向兼具预防治疗、康养的生命健康全周期医学的新理念，开设精准医学、转化医学、智能医学等新专业。

"新农科"指要用现代科学技术改造升级涉农专业，助力打造天蓝水净、食品安全、生活恬静的美丽中国。其重点是以现代科学技术改造提升现有的涉农专业，并且要布局适应新产业、新业态发展需要的新型涉农专业。

"新文科"指把新技术融入哲学、文学、语言等课程中，为学生提供综合性的跨学科学习，旨在推动哲学社会科学与新科技革命交叉融合，培养新时代的哲学社会科学家，创造光耀时代、光耀世界的中华文化。

从上述内容来看，"四新"的新是创新的"新"，是迎接各行各业新发展、为国家培育新时代人才的"新"，应体现各行业发展的前沿方向，顺应交叉融合学科培育人才的趋势。大学英语教学在这样的育人环境下，不应局限于传统意义的英语教学，要主动顺应各专业新的人才培养趋势。

（二）"四新"建设对大学英语教学的影响

"四新"建设中，"学科交叉融合"这个概念频繁出现，说明国家需要的人才已经不是传统意义上的专业人才，而是文理思维兼备、科学素养和人文素养兼备的创新型人才。在培养专业人才方面，高校除了要直接培养学生的英语能力，还要培养学生的沟通、交流、思辨和创新能力，为学生未来的专业或职业发展奠定基础。大学英语教学要主动融入各专业人才培养，不能只关注语言教学本身，要开阔视野，探索英语教育对于非英语专业人才培养的作用。大学英语课程除了英语的工具性作用外，在立德树人、思维培养和提升职业素养等方面都有重要作用。

1. 大学英语课程培养的核心是英语技能，并在此基础上拓展外延素养

功能语言学派认为语言即意义，语言是表达意义的系统，其基本功能是社会交际。外语技能的实际运用方式是通过语言意义的传递达到交际目的。大学英语教学的目的不仅是让学习者掌握语言规则，能正确地运用语言，还要掌握语言的使用规则，能得体地运用语言。教师应充分发挥英语教学的工具性作用，不仅要教会学生一门外语，还要培养学生的沟通交流能力。

2. 大学英语课程要主动向专门用途英语方向发展

在"四新"建设背景下，高校需要为各行各业培养创新型人才。英语是新知识体系组成和解决复杂问题的重要工具。向专门用途英语发展，意味着大学英语课程需要有更加聚焦的目标和应用专业。学生不仅要夯实自身的英语语言基础,更要具备用英语查阅文献及与专业人士交流互动的能力,即达到美国语言学家海姆斯(Hymes)归纳的交际能力语法性、适合性、得体性和实际操作性四个方面的要求。

3. 大学英语教学应该更加强调以学为中心

高校应关注学生的学习方式和未来岗位,尊重学生的个体需求与兴趣。当今学生想法新颖、勇于创新,对于自己的职业兴趣和职业发展非常明确,但是普遍存在职业发展规划缺失、学习态度不够认真的问题。高校与高中学习方式的不同、区域间教育资源的不平衡都会导致学生的学习基础、交流能力、学习意愿等差别较大。为了体现以学生为中心,调动学生积极性,教师在大学英语课程中运用项目学习、合作学习、信息化教学手段等已经成为趋势,教学方式的转变对教师提出了更高要求。

第二节　从外语教学到外语教育

一、外语教学与外语教育

在新的改革背景下,大学英语教学无论是深度还是广度都在拓展,需要从外语教育的角度重新认识理解。外语教育是宏观整体,包括外语教学,外语教学是外语教育的微观部分。在大学英语教学发展中,外语教育和外语教学作为术语交替出现,存在概念模糊不清的问题。但是随着课程思政、立德树人、国际化素质、国际传播力、"四新"建设等教育理念的提出,外语教学显然已经无法涵盖大学英语教学特点。大学英语从外语教学发展为外语教育层面已是趋势。外语教学到外语教育的发展可以从以下几个方面理解。

1. 在教学理念层面,外语教育的内涵比传统外语教学更加丰富

教育旨在把自然人所固有的或潜在的素质自内而外地引发出来。教学是教育的组成部分,是教育的方法、手段,是实现教育的方式,体现为教和学的行为。教学侧重知识技能。教师不仅要帮助学生掌握英语基础知识和技能,还要为学生走出校门奠定基础,为学生培育好走上社会所需的终身的实践和学习能力。

2. 在教育目的层面,外语教育重在"育",将"育人"和"为国育才"作为课程建设与改革的出发点

高等外语教育关系到高等教育人才的培养质量,关系到我国同世界各国交流互鉴,更关系到我国参与全球治理体系改革建设。高等外语教育要全面融入高等教育强国建设,大力培养具有全球视野、通晓国际规则、熟练运用外语、精通中外谈判和沟通的高素质国际化人才。

3. 在课程性质层面,外语教育意味着大学英语教学从知识本位和技能本位向能力和素养本位演变

教学针对个体,帮助个体掌握知识技能。大学英语教学要主动适应社会需求的多样性,为国家发展、社会需要、科技进步等提供人才支撑和智力支持。2019 年,我国高等教育从大众化迈入普及化阶段。在普及化阶段,人们更关注高等教育的"高质量""跨学科""多样性"。南京大学教育研究院龚

放认为,在普及化阶段,在继续造就高素质学术人才的同时,应将重点放在以解决问题为导向的应用型人才上。

4. 在教学设计层面,外语教育要为国育才,注重学习者的长远发展

为了适应新的育人要求,各高校应改革教学内容、教学方法、评价方法等。课程内容要从"应该教什么"向"应该学什么"转变;教学方法要借助信息手段,从"以课堂教学为主的传统教学形式"向"小班化、翻转课堂式、研究型、混合式等多种教学方法"转变;教学质量评价要从"评教"向"评学"转变。

5. 在教师队伍层面,外语教育对教师的要求更高

教师除了要具备全球视野,还需要通晓学生的行业和职业规则,精通中外谈判和沟通,能够熟练运用外语。以往提及双师型教师,许多教师会认为其为职高专用。如今,高校也越来越重视实践,其教学内容庞杂,如果课程教学团队缺乏以外语从事专业学习和工作的实践经验,恐怕难以把握"应该学什么"和"应该怎么学"的命题。

二、外语教育困境

高等教育的重要使命就是培养高素质人才,为国家提供智力支持,支撑我国的硬实力和软实力发展。外语教育旨在培养学生的跨文化交际能力,拓宽其国际视野,为我国的人类文明共同体倡议提供人才储备。自大学英语课程设置以来,英语教育工作者便持续不懈地总结英语教学规律,以期服务国家发展需要。我国的英语教育历经多次改革,从培养

学生的语言技能到通识教育＋复合型人才培养模式，仍然存在国际优秀语言服务人才、高端复合型人才稀缺的问题。相较以往英语教育的困境，如今的英语教育更加凸显为不适应时代的发展，不能够满足全球治理背景对人才培养的需求，也不能充分体现"四新"建设在各个专业的育人要求。

（一）外语教育争议

外语教育是在争议中逐渐发展起来的，社会对于"外语热"或追捧，或反对。近年来，"外语降温论"一直存在。对外语教育的反对往往来自两个方面：一是认为外语学习耗时、低效；二是认为外语学习冲击母语文化。

母语跟外语的习得路径不同。母语是在自然交际中逐渐掌握的。外语学习的难度大，需要借助有意识的输入来习得。随着改革开放以来的"外语考试与培训热"，许多学习者追求外语的工具性用途却不得法，曾经的外语教学确实存在耗时、低效的问题。

语言与文化密不可分。大学英语课程教学承载的丰富内涵本身就具备传承人类文明、理解英语国家地区文化、感受英语国家地区历史和社会发展、拓宽国际视野的功能。但是，学习英语国家文化并不意味着屏蔽本国文化。跨文化交际的基础首先是理解本国文化，在本国文化与他文化差异的基础上理解他文化。大学英语课程教学有助于提升学生的跨文化意识，不仅不会冲击母语文化，还会帮助学生反观中华传统文化，增强民族自信。

在人类文明共同体背景下，合作与共赢越发成为当今世界的主流。外语教育对于提升我国的全球治理能力、培养学生的国际化素质具有不可或缺的作用。正确认识外语教育的争议，理解背后的原因，有助于外语教师有针对性地解决教学中的问题并突破难点。

(二) 能力培养不足

习近平总书记在党的十九大报告中指出，中国将继续发挥负责任大国作用，积极参与全球治理体系改革和建设，不断贡献中国智慧和力量。人类命运共同体思想标志着中国特色社会主义发展进入新时代。中国社会发生了转型，从"本土型"向"国际型"转变。外语教育历经改革，从培养语言技能为主发展成为通识教育＋复合式人才培养，从满足"一带一路"倡议到构建人类命运共同体，再到培养全球治理人才，仍然存在人才培养方面的不足：具有国际化素质的优秀语言服务人才、高端复合人才稀缺。具体体现为具备英语语言技能综合运用能力、以英语从事专业工作能力、以英语解决跨文化冲突能力的人才不足。

语言技能综合运用能力不足仍然是主要障碍。多年来，我国外语教育一直在克服"哑巴英语"的问题。近年来的任务教学法和产出导向法（Production-Oriented Approach）等教学改革的主要目的包括克服语言输出能力弱，强调语言的输出。相比于其他非英语母语国家的国际化人才的英语能力培养，我国的英语教育缺乏语言应用环境是语言习得的最大障碍，主要体现在以下五个方面：一是我国的英语教学服务于国家发展，从改革开放到全球治理，无论为国育才的目的如何变化,学生学习使用英语进行交际的场合多在国内。二是我国的英语教学主要依托课堂实现,学生在学习英语过程中使用英语的机会不多,多数学生工作之后才有使用英语的机会。三是我国不像许多以英语为母语的国家那样具备语言环境,我国学生以应用英语而接触英语的机会不多。四是我国的地区教育差异非常大,尤其是英语教学,有些地区的英语教师甚至无法熟练使用英语。五是英语和汉语分属不同语系,特点差别大,中国学生学习英语面临的困难多、难度大。

根据二语习得理论,英语技能是在应用中提升的。虽然新课改后初等教育的英语学习从入门就强调培养学生听的能力,而非从词汇和语法学习开始,体现了应用导向,但是应试导向的英语教学仍旧指挥着学生从小学到高中的英语学习。学生进入大学前的英语学习仍以应试为主要目的,这个目的决定了学生进入大学前的学习方法无法有效提升学生的英语语言技能,尤其是听说能力。大学前的学习经历必然影响学生的学习理念和学习方法。尽管大学英语教师已经开始尝试以各种输出为主的教学方式,但是也未必能全然使学生摆脱之前所接受的传统英语教育的桎梏。因此,大学英语教师应对学生施以更加有效的引导,转变学生的学习观念。

(三)教育教学改革不足

传统的外语教学理念源于国外的理论语言学和应用语言学理论,已经不能适应我国社会对人才培养的需求,无法牵引大学英语教学与时俱进,达成育人目标。大学英语教师对语言的认识基于各种语言学理论的发展。语言学理论从传统语法、形式语言学、功能语言学到认知语言学等逐渐发展,英语教学方法也随着语法翻译法、交际法等发展变化。但是这些理论语言学和应用语言学的理论都基于语言学学科内在规律形成,并未结合时代的发展变革。

大学英语课程在人文性与工具性之间如何理解一直存在争议,两个特性似乎均受普遍认可,但内涵扑朔迷离。语言是一种复杂的工具,体现人文性的同时,在被应用至各领域时,必然涉及学科交叉。如果单纯从语言学内部生成大学英语教学理念,固然能够抓住语言教学的本质规律,但也会与实际应用"脱钩"。这也是大学英语教学一直以来存在争议的原因之一,争议甚至导致了许多高校缩减大学英语课程的课时。在全球治理的背景下,我国大学英语教学从为国育才的基点出发,需要重构理念,考虑时代赋予课程的育才育人目标,而非拘泥于外国语言学发展传承而来的传统外语教学理念。

国际化人才的缺乏主要体现在学生毕业后缺乏以英语从事具体工作的能力。学生在大学阶段通过英语四、六级考试提升语言能力,具备了英语运用能力的基础,但是在实际工作运用中很难信手拈来。大学英语教学的转型必须重视专业或岗位和英语结合的模式,从而培养出高水平复合型人才。虽然各高校都认可专门用途英语的重要性,通过多种方式开设个性化课程,但无论是专门用途英语的教学研究还是其课程建设的发展均不如通用英语,也难以真正与学生未来的专业或工作结合,目标导向的建设体现并不明显。

(四) 教师发展存在困难

大学英语教师授课任务繁重、专业定位模糊。从某种程度来说,无论是在科研方面还是在教学方面,大学英语教师都存在诸多困难。首先,个人发展与工作付出存在矛盾。由于大学英语课程是公共课,英语教师往往承担大量授课任务,教学压力大。但授课任务量大在教师职称晋升中并没有优势,反而会占用教师的大量时间而导致其不能专注于科研,影响教师的发展和职称晋升。其次,专业定位不清晰。无论大学英语教师原本的专业是语言学还是文学,其教授的主要是英语语言技能,科研学术定位需要个人努力把握。在新时代发展背景下,大学英语教师培养的是各学科的人才,要培养学生在多样化的学科和职业中应用英语的能力,这需要大学英语教师具备相关的跨学科知识,即第二专业或学科基础知识,但这个要求又与其毕业于外语院校、专注语言教学存在矛盾。两种问题共同作用下,大学英语教师往往成为职业倦怠的高发群体。

大学英语教师承担多学科、多专业的英语课程,其队伍建设关乎高校的育人质量。他们的专业发展、教学能力、科研学术能力、信息化素养、英语实践能力等关系着课程的教学质量。因此,大学英语教师要树立自我提升和自我发展意识,适应时代的变革与发展,从提升教学科研质量入手,拓展能力,实现队伍建设的突破发展。

第二章
大学英语教学理论与方法

　　语言学理论对于大学英语教学改革有重要意义。外语教学理念和方法源自语言学理论，如何教授语言源于如何认识语言。教学的改革与突破发端于理论研究，教师需要在理论研究基础上突破或完善现有的教学方式，科学地设计课程，推动教学改革。大学英语教师首先要对大学英语教学的语言学理论和教育学理论有相关的理解，能综合运用教学方法，有针对性地提升学生的英语应用能力，提高人才培养质量。

　　大学英语课程的传统定位是语言文学课程，教师掌握的专业知识和理论足以支撑课程教学，能够实现以提升语言技能为主的教学目标。但是，在全球治理和"四新"建设视野下，大学英语课程及后续的专门用途英语已经不再是纯语言文学类课程，而具备了综合性、跨学科性特点。因此，为了培养具备国际化素质的英语人才，大学英语教师需要具备综合性的理论背景、广泛的教育教学理念。本章概述了大学英语教学改革相关的语言学理论、教学方法与教育学理念，有助于大学英语教师了解教学策略和方法背后的语言学和教育学理论基础,形成课程的教学创新和改革能力。

第一节　国外语言学流派、理论及对教学的影响

语言学理论是大学英语教学的上层理论。外语教学方法是从语言学理论派生出来的应用实践,任何一种大学英语教学方法都能够从语言学中找到理论根源。因此,教师应该有意识地加深对语言学理论的研究和理解。实际上,从传统语法到现代语法、从形式语言学到功能语言学,语言学理论的每一次发展都会改变人们对语言的理解和认识,从而影响英语教学的发展。教师要知其然知其所以然,理解教学方法背后的语言学理论发展,从认识语言本质的角度去理解语言学对教学的意义。

一、传统语法

语法本身属于语言学范畴,指语言的结构方式,包括词的构成和变化、词组和句子的组织。传统语法指在古代希腊语和拉丁语语法的基础上发展起来的古典描写语法学,常用来概括 20 世纪语言学成为科学之前、语法研究那一阶段对语言成分组织方式的认识,强调语言的正确性和书面语的优先性。传统语法的"传统"指的是"传统方法"。目前常用的经典语法书,如张道真的《实用英语语法》,虽然是现代出版,但讲述的是传统语法。相对于传统语法,现代语法包括转换

生成与法、系统功能语法、认知语法等,采用了现代的语言学方法来描述语言。

受传统语法影响,语言教学的传统方式包含大量的语法学习,如教师描述语法规则,学生学习甚至精准背诵语法规则,语言测试也围绕语法规则使用的正确性。这就是传统的英语教学方法——语法翻译法。教和学的内容是语法和词汇,途径是翻译,即通过反复练习双语转换达到语法准确、语言优雅。传统的语法翻译法后来受到多方诟病,被认为是造成"哑巴英语"的根源,因为语法翻译法重阅读、轻听说。语法翻译法要求语言的准确性,曾为我国培养了一批又一批外语人才,时至今日,仍有不少教师在讲授传统语法。但是,仅追求语法准确而忽略其他目标要素,必然会影响学生语言实际应用能力的提升。我国学生缺少语言环境,教师在教学中辅助一定的语法翻译法有助于提升学生使用语言的精准性,而且可以此为桥梁,衔接应试导向的高中英语学习和应用导向的大学英语学习。

二、形式语言学

形式语言学是国际语言学研究的主流学派,通过建立形式化的原则和规则系统,试图从语言结构内部寻找对语言现象的解释。形式语言学家认为,人类认知包含固有系统,句法成分与语义、语篇无关,其结构原则也与系统外部因素无关。在研究方法上,形式语言学主要采用公式化、数学化、形式逻辑化的手段来描写语言结构。总之,形式语言学强调句法位于核心地位,语义解释只是句法外的次要部分。

形式语言学的两个代表性理论分别是索绪尔(Saussure)的结构主义和乔姆斯基(Chomsky)的转换生成语言学。

1916年,索绪尔出版《普通语言学教程》,翻开了语言学史的新篇章,研究目标为语言本体,以研究语言的表层结构为目的,以系统或结构这样的术语描写语言。从教学来说,结构主义开始描述人们日常交际中的口语,但关注的焦点跟传统语法一样,仍然是语言的语法结构。

乔姆斯基则认为,应该在观察和描写的基础上解释背后的深层机制。乔姆斯基于1957年出版了《句法结构》,把语言视为一个内在的规则系统,认为语言遵循某种句法,这种句法以形式的语法为特征,不受语境影响,并带有转换生成的规则。儿童被假定为天生具有适用于所有人类语言的基本语法结构的知识,这种与生俱来的知识被称为普遍语法理论。普遍语法是对于人类个体获得个别语法的共性原则的描写,人类个体就是借助普遍语法去分析和理解后天语言环境中的语言素材。

三、功能语言学

20世纪以来,世界语言学除了形式主义语言学,还有另一条主线——功能语言学。功能语言学强调的是对语言信息传递功能的研究。形式语言学将语言视为自主的抽象意义符号系统,向语言自身探究;而功能语言学认为意义源于语言和世界的关系,其研究超越了语言系统边界,从语言与世界、语言与思维、语言与文化等关系中探求意义的奥秘。

功能语言学的研究更贴近语言的实际运用,为翻译和语言教学提供了理论基础。

20世纪30年代的布拉格学派认为,语言是一个系统,应对其结构进行共时研究。与结构主义不同,布拉格学派把语言结构与功能结合研究,认为语言是交际工具,是由多种表达手段构成、为特定目的服务的功能系统,因此,要用功能的观点研究语言;而布拉格学派也将自身称为功能语言学派。

随着后来的发展,功能语言学中的代表性理论是韩礼德(Halliday)创立的功能语言学。功能语言学将语言视为意义潜势,探讨语言学的应用问题。韩礼德的"功能"思想源于三个方面:布拉格学派的功能语言观、马林诺夫斯基(Malinowski)的语境理论和弗斯(Firth)的语言功能观。韩礼德的语言理论是从社会学角度阐述,把语言看作社会符号和人们有目的地在语境中表达意义的资源。功能语言学中的语言学理论,如语境、语篇、功能对外语教学产生了深远影响。以语篇理论为例,韩礼德指出组成语言的不是句子,而是语篇,这为传统英语教学以句型操练转向后来以语篇为输出的交际法、任务教学法、产出导向等奠定了语言学的理论基础。

四、认知语言学

认知语言学兴起于20世纪80年代,是认知科学和语言学界的新兴学科,其理论和相关概念对二语习得和教学等领域产生了深远影响。认知语言学有三大基本假设:一是语言能力是人的一般认知能力的一部分,对语言的描写需参照人的认知规律。二是句法不是自足的形式系统,本质上是象征系统,所以句法分析不能脱离语义。三是语义描写必须参照开放的、无限度的知识系统,不能只用基于真值条件的形式逻辑来描写语义。

认知语言学的主要概念和研究对象包括语言范畴的形成、隐喻认知结构、图示理论等。认知语言学的范畴观认为,人们为了记忆纷繁复杂的客观事物而对其进行判断、分类和储存,构成了许多范畴,其中,易迅速被感知的范畴叫作基本范畴。对英语教学的启示是教师应重视基本词汇,掌握基本词汇对听、说、读、写都有帮助,不必花费大量时间记忆生僻词。隐喻观认为,英语思维能力是创造性的思维能力,用已知表达未知,用具体表达抽象。因此,引导学生思考词汇的基本意义和隐喻意义有何种联系是教师教学的重点。图示理论从阅读理论的研究发展而来,认为阅读理解归根到底是给合适的图示填充新信息而使图式具体化的过程,填充的内容可以是直接理解的或推断出的新内容。因此,教师不仅要帮学生扫除语言点障碍,还需要让学生懂得不同文章的语篇结构和类型,并且注意非语言因素即已有的背景知识对阅读理解的作用。认知语言学对教学的影响包括强化词汇认知,致力于提高语言记忆和增强语言理解等。

五、二语习得理论

二语习得理论诞生于 20 世纪 60 年代,兴起于 80 年代,旨在研究人们获得语言能力的机制,尤其是第二语言,综合了语言学、神经语言学、语言教育学和社会学等多种学科。具有代表性的是美国语言学家克拉申（Krashen）关于该理论的研究。20世纪80年代，他出版了《第二语言习得和第二语言学习》和《第二语言习得的原则和实践》。

克拉申首先区分了习得（Acquisition）和学得（Learning），学习者在二语习得中的流利度是习得的结果，是潜意识的语言能力，学得只是促进对语言结构有意识的掌握。输入假设在克拉申的二语习得理论中有重要地位，克拉申认为学习者接触的语言输入（Input）应略高于其现有的学习水平，即 $i+1$。基于输入假设理论，教师应重视语言输入的数量和质量，扩大对学生的可理解语言输入，且输入应略高于学习者的实际水平，重视循序渐进。学生在教师的帮助下主动地构建意义，进行信息加工，而不是一味地被动"灌输"。二语习得理论还强调情感因素，主张激发学生的学习动机。克拉申的情感过滤器假设认为，情感因素包含个人的兴趣、动机、信心和焦虑等心理因素。焦虑、不安、缺乏自信等心理会对语言学习产生负面影响。因此，教师需要降低可理解语言输入环境中的情感障碍，营造轻松愉快的教学氛围，不应该过多地纠正学生的语言错误，应更为关注意义而非形式，降低学生的学习焦虑。二语习得中的习得、输入、情感过滤等假设对大学英语教学有较大影响。

应试需求使学生具备了独特的学习动机、态度、方式和策略，与提升英语应用能力的方法存在矛盾之处，但不应该构成学习障碍；教师可以利用应试需求帮助学生奠定技能基础。根据克拉申的理论，习得是在自然语境中，学习者以获取信息或以交流信息为目的的无意识语言习得过程。在此过程中,学习者关注意义而非语言形式。与习得不同,学得是正式的,是有意识地对语言规则的学习。在我国,没有必要把习得和学得对立起来,教师可以将二语习得理论运用到本土英语教学中。

第二节　外语教学方法

外语教学方法是随着语言学发展而形成的。近一个世纪以来,外语教学方法经历了两个阶段:20 世纪 60 年代前,以语法翻译法、直接法和听说法为代表,这三种方法通常被称为传统的外语教学法;20 世纪 60 年代后,认知法和交际法逐渐兴起,加上语言学理论的发展,一系列新型教学法脱颖而出。新教学方法的诞生并不意味着旧教学方法的消亡,而意味着人们基于语言学理论和时代发展对语言和语言教学有了新的认识。大学英语教师需要理解主流的外语教学方法,能够根据教学目标、教学内容和教学对象进行选择并灵活运用。

本节主要介绍了语法翻译法、交际法、以内容为依托的教学法和任务型教学法以及产出导向法。其中,语法翻译法和交际法代表着外语教学传统与新的发展阶段的典型教学理念;以内容为依托的教学法和任务型教学法都是交际法理念下衍生的新型教学方法;产出导向法则是近年来中国特色的外语教学方法。

一、语法翻译法

外语教学法源于拉丁语教学法,盛行于 15 至 17 世纪的欧洲,当时拉丁语是西欧等国的通用语言,教学以背诵语法和范文为特点。左焕琪认为,其语言学基础是历史比较语言学。17 世纪德国教育家沃尔夫冈(Wolfgang)提出外语教学应依靠本族语,上课时教师应先用本族语讲解,然后进行词汇、语法分析和母语对比。

语法翻译法在大学英语教学实践中有以下表现:以传统语法作为教授外语的基础,先讲解语法,在练习中运用并巩固;教学程序是词汇、语法、课文,方法为讲解与分析句子成分和语音、词汇变化与语法规则,方式是逐词将母语翻译成外语,或将外语翻译为母语,重点是书面语的阅读理解,不重视听说能力;课堂模式以教师为主,教师向学生"灌输"以语法为主的知识,学生记忆词汇和语法规则,课堂教学时教师主要使用母语进行讲解,交流少。

语法翻译法的优势是学生能够深刻理解英语的词义和复杂句子结构,语法概念清晰,学生的翻译能力得到培养,配合阅读和写作,能够提升学生的阅读和写作能力。由于不需要什么教具和设备,教师只要掌握外语基础知识就可以教学,简单易行。因为语法规则为客观抽象,所以容易测试,授课以教师为主,班级也易于管理。

语法翻译法的问题也显而易见:忽视听说能力,容易形成"哑巴英语";教学方式单一,无法激发学生的学习兴趣和主动性,课堂气氛沉闷;以翻译的方式进行教学,学生无法形成英语思维,缺少用英语进行实践和交流的机会,学生始终处于被动学习的状态,不利于形成自主学习能力。

二、交际法

交际法兴起于 20 世纪 70 年代,源于社会语言学家海姆斯的交际能力理论和韩礼德的功能语言学。交际法与其说是一种教学方法,不如说是一种教学理念,其语言观认为,语言是表意系统,外语教学要关注语言实现的社会功能,目的是学习者能正确、得体地运用语言。交际不仅指听说,也指读写,读写的交际是读者与作者的交流。

交际法教学有如下特点:交际是学习目的,也是学习手段,教学追求有效交际,有效指的是有意义;课堂模式采取情景模拟的任务驱动;教学内容以功能意念为纲,选取真实语料;语言教学的基本单位是语篇,而非句子;对于语言错误有容忍度,只要不影响交际就不纠错,鼓励学生交流;以学生为中心,强调学以致用。

交际法的最大优势是将语言学习与应用密切结合,将应用过程作为学习过程,解决传统教学中的学用脱节问题,教学效果明显。另外,交际法的以学为中心符合当代教育理念。可以说交际法是迄今为止影响最大的外语教学法流派,对我国的外语教学和对外汉语教学有重要影响。

交际法的问题是无法处理语法知识的教学,对于语法只教使用不教用法。纯粹的交际法对于缺乏语言环境的学习者来说行不通,尤其是低水平学习者,缺乏足够的词汇量和语法知识,只能是机械模仿,类似于句型训练,无法形成有效的语篇输出。实际教学往往是把交际法作为指导理念,辅以其他方法,最终实现交际语篇的输出。

三、以内容为依托的教学法

英语教学历来有准确与流畅之争,二者之争让教学双方忽略了英语教学中的交际核心——内容。内容教学法起源于 20 世纪 60 年代的加拿大。内容教学法是一种通过主题或学科内容教学达到外语习得的教学理念,指的是"依托课程内容进行外语教学,将语言教学和学习者需要掌握的学科内容或学习者感兴趣的信息结合起来的外语/二语教学理念、路子、教学模式系列"。研究表明,内容教学法得到了交际功能理论、图示理论、克拉申的第二语言习得理论、认知学习理论以及建构主义学习理论的支持。

内容教学法理念包括三个要素:以学科知识为核心;使用真实语言材料;符合特殊学生群体需要。根据教学目标的差异,内容教学法教学理念常见的教学模式有四种:主题模式(Theme-Based Approach)、课程模式(Sheltered-Content Courses)、辅助模式(Adjunct Courses)、专题模式(Language for Special Purposes)。以内容为依托的教学理念常应用于学术英语或专门用途英语。

内容教学法的优势主要体现在锻炼和提高学生的思辨能力和外语自主学习能力上。在内容教学法课堂上,学生自我监控学习过程,高质量完成团队合作,增强思辨和反思;学生聚焦学习内容有助于降低焦虑,自然地运用语言学习策略,有助于形成外语自主学习能力。

内容教学法也有一定的问题。内容教学法理念意味着把语言学习和学科知识学习完全结合，教学重点从语言学习本身转变到学科知识来获得语言能力，二者之间很难达到平衡。通过内容教学法达到既学习语言又学习学科知识，以取得事半功倍的效果往往是难以实现的理想状态。另外，内容教学法对教师教学能力要求高，尤其是教师对于内容的选择与设计。

四、任务型教学法

任务型教学是交际法教学理念的发展或实现形式。英国应用语言学家斯基汉（Skehan）将"任务"定义为含有以下五个要素的活动：表达意义是首要目的；学习者需要解决某个交际任务；学习者所做的事情与现实生活的某些活动有联系；完成任务是最重要的；对活动的评价要以结果为依据。

任务教学法遵循的原则如下：言语、情景真实性原则（Authenticity Principle）；形式-功能性原则（Form-Function Principle）；任务相依性原则（Task Dependency Principle）；在做中学原则（Learning by Doing）；脚手架原则（Scaffolding）。

斯基汉把任务型语言教学分为任务前活动、任务中活动和任务后活动三个步骤。任务前活动包括教的活动、意识提升活动和计划，旨在确定目的语和减轻认知负荷。任务中活动包括执行任务、计划后续的报告、报告三个方面，其中任务分解为多个子任务，构成任务链。任务后活动包括分析和操练，任务后活动丰富，因为教师不但要考虑执行的任务本身的特征，还要重新回顾整个任务的执行效果，甚至包括是否重复和延展任务活动,以便提高和巩固教学效果。

任务教学法体现了"学为主体"的教学思想,能够激发和保持学生的学习积极性,通过小组合作的形式激发学习自主性和创新型,提升语言输出的质量,有助于实现学生的个性化发展。

任务教学法存在的问题主要是任务过程组织和促进的难度问题。从课堂管理角度来说,分组后,如果学生没有严格按照任务步骤执行,教学效果会达不到预期。因此,教师需要精心设计任务和子任务,注重任务链的层层递进,同时需要完善任务前和任务后的设计。教师需要决策教学目标,考虑多个因素,协调准确性和流利性,从而使学生有意识地发展语言的流利性和准确性。

五、产出导向法

产出导向法是我国外语教学与研究专家文秋芳构建的具有中国特色的外语教学理论。2015 年,文秋芳在"输出驱动假设"的基础上,提出了产出导向法。产出导向法理论体系的核心是"三个学说":学习中心说、学用一体说和全人教育说。

产出导向法的教学流程涵盖三个阶段:驱动、促成、评价,其中教师的中介作用具体表现为引领、设计、支架作用等。第一阶段为驱动环节,要求教师呈现交际场景和具有认知挑战性的话题,学生尝试完成交际活动,意识到不足,然后教师帮助学生明确教学目标和产出任务。第二阶段为促成环节,教师引导学生从输入中选择语言内容和形式,完成产出任务,并对语言材料进行处理并评估。第三阶段为评价环节,教师对学习产出进行即时评价,学生根据评价结果经过课后练习,再次提交产出成果,教师进行延时评价。

任务教学法与产出导向法都基于否定传统英语教学中以句式为单位的句型操练模式,都强调意义的传递。二者的差异首先来自"任务"与"产出",因出发点不同而在后续的实施、教材编写、评价等方面存在差异。任务教学法中的"任务"定义尽管多样化,但需要是真实发生的交际任务,学习者更加关注语义和语用层面的意义,有着明确的交际结果,将语言视为手段而非目标。学习者不能只关注语言的正确性,而要完成任务目标。产出导向法的"产出"是现在或未来有可能发生的交际活动,主张意义与形式一体,同时关注意义和语言形式。因此,文秋芳认为,任务教学法和产出导向法的本质差异在于教学对象和教学目标:任务教学法适合就业去向明确的英语学习者,而产出导向法适合不能准确预测自己未来岗位的大学英语学习者;任务教学法基于真实任务,教学内容明确,学习动机强烈,教学目标聚焦,而产出导向法的教学目标是在未来工作岗位不明确的前提下,提升通用英语能力,发展交际能力,扩大国际视野,提升综合素质。

第三节 大学英语相关的其他教育教学理论

教学改革的推动离不开教育教学理论。大学英语教学改革主要依托外国语言学及应用语言学理论,较少依托教育学理论,这与教师的外国语言学学术背景相关。本节介绍了大学英语课程相关的其他教育教学理论和方法,为本书后续的论述奠定基础。

一、人文教育

大学英语教学具有人文性特征。课程教学需要融入人文教育理念。人文教育理念以人文精神为核心,目标是提升人文素养。人文教育强调人的全面发展,突出人的创造性,旨在帮助学生学会如何做人、如何处事、如何处理关系、如何确认价值以及如何构筑自己的精神家园。

20世纪50年代,随着科技发展,高等教育逐渐受到实用主义教育观的影响。人文学科有淡化趋势。教育的功利主义倾向导致大学生的人文困境体现在如下四个方面:一是缺乏远大理想、坚定信念和社会责任感;二是学习风气不正,目光短浅;三是不善于处理人际关系,缺乏协作精神;四是心理不稳定、不健全。随着课程思政教学改革的开展,通过价值观培树,人才培养的人文教育成为"以文育人""以文化人"的重要理念,课程的人文性视角再次回归。

目前,不少双一流大学将人文素养的培育作为高等教育人才培养的重要目标。例如,复旦大学将培养具有"国家意识、人文情怀、科学精神、专业素养、国际视野"的学生作为其本科育人特色。从全人教育角度,人文素养的培育重于专业知识培养。人文教育是提升人文素养的教育活动。在人文教育过程中,学生能够获得人文知识,领会人文价值,形成人文品格,并把知识、价值、品格融入其学习、生活、工作中,形成健全、积极的人格。

二、跨文化交际

跨文化交际是在国际交往日益频繁、全球经济一体化背景下产生的一门新兴学科。20世纪70年代，跨文化交际兴起于美国，20世纪80年代，北京外国语大学的胡文仲开始从事跨文化交际学的研究。

跨文化交际是当代社会科学学科综合研究的结果，学科背景主要涉及文化语言学、社会语言学、言语交际学。联合国教科文组织在1992年发布的《教育对文化发展的贡献》中正式提出了跨文化教育，目的是理解本民族文化发展，鉴赏相邻民族的文化，鉴赏世界性文化。跨文化交际在人类命运共同体构建中具有重要意义。

当前，我国跨文化交际研究主要集中在外语教学界。传统外语教学观点认为，沟通的障碍在于英语表达不好。按这个观点，双方语言能力都好的时候，就没有障碍了，但实际情况并非如此，外语能力好但交流效果不能达到预期的情况并不少见。跨文化交际关注的是对方是否理解你要表达的本意。在跨文化交际的学科视野下，外语教学要提升达成有效沟通的能力，涉及的内容更加广泛，包括文化知识、跨文化意识、语境意识、移情能力、思维方式等。

三、翻转课堂

翻转课堂译自"Flipped Classroom"或"Inverted Classroom"，

相较传统的课上讲授、课下作业的教学模式,翻转课堂旨在引导学生课前学习知识、课上完成作业。具体来说,最初的翻转课堂主要通过借助现代教育技术手段录制视频进行授课,学生观看视频,在课堂上解决疑难点。本质上来说,翻转课堂教育理念通过优化知识内化的过程,突出教学的个性化教育,强调自主学习能力和创新实践能力的培养,适应大学英语教学的需求,可以部分应用于大学英语课程教学。

翻转课堂的基本要义是教学流程变革所带来的知识传授的提前和知识内化的优化。综合国内外对于翻转课堂理念的实践与论述,笔者认为翻转课堂教学模式具有以下特征。

1. 教学流程的变革

从教学形式来说,翻转课堂翻转的是"教"与"学",即知识传递与知识内化两个过程。教学过程通常包括知识传授和知识内化两个阶段。传统教学理念下的知识传授通过教师在课堂中的讲授来完成,而知识内化则需要学生在课外通过作业、操作或者实践来完成。在翻转课堂上,这种形式被颠覆。知识传授通过信息技术的辅助在课外完成;知识内化则在课堂中经教师的帮助与同学的协助完成,从而形成了翻转课堂。

2. 知识内化的优化

从认知发生学的角度来说,翻转课堂的核心是知识内化的优化。学生完成学习过程的关键并非是知识传递,而是知识内化。知识内化重在强调学习者如何利用已有知识和经验感知、理解外界的新信息。翻转课堂模式中,学生根据教师引导以观看视频等方式完成课前任务,对新知识进行初步的吸收内化,之后再带着学习过程中的疑问在课堂上参与师生、生生之间的互动交流、合作、共享与讨论,实现其对新知识的完全理解和熟练掌握,从而完成学习过程。学生知识内化的过程有教师全程陪同及参与,有同学的交流合作,可以真正做到消化巩固和融会贯通,从而使教学效果和学习效果均实现质的飞跃。可以说,翻转课堂通过教学流程的翻转,分解了知识内化的难度,增加了知识内化的次数,通过多次内化循环最终达到掌握知识的目的,使知识内化这一学习的关键环节发挥最大效用。

3. 技术环境的支持

技术环境是指翻转课堂需要依托现代信息技术构建的学习平台支持学生的自主学习,包括教学视频、音频系统,交互系统,管理系统,以及自测自评系统等。国外的翻转课堂平台或采用自主研发平台,或通过软件公司定制平台。目前,国内关于翻转课堂的探索多有将该理念与慕课等结合的趋势。慕课采取模块化微视频的课程呈现方式,并通过加强互动与反馈和倡导在线学习社区,使学习者能在参与过程中产生一种沉浸感和全程参与感。因此,慕课不失为翻转课堂的有效技术平台。当然,更多实现翻转课堂的技术环境平台有待进一步开发拓展。实际上,人们逐渐意识到现代信息技术与翻转课堂的内在联系:先进技术为翻转课堂实施提供的可能性越大,翻转课堂为先进技术的应用提供的发挥空间就越广阔。

然而需要说明的是,翻转课堂并不是视频教学的代名词,课堂上以教师与学生之间互动交流为外在表现形式的知识内化过程,才是翻转课堂的核心和关键之所在。

4. 教学资源的优化

从教学内容来说,翻转课堂模式在现代技术平台的支持下,教学资源更加优化。首先,由于网络技术的发达,学生可以拥有开放性的教学资源,教材不再是唯一的教学内容。其次,在自主化的学习条件下,学生可以在教师的指导下,根据自己的需求主动获取学习资源;再次,教师为了指导学生获取资源,需要对各种教学资源进行积极有益的探索和整合,并从学生那里获得相关的资源。这种模式必将提高教师各方面的能力,促成教学相长的双赢局面。

有别于翻转课堂,混合式学习是将传统教学和网络教学结合,学生在课下通过网络自学,在课上完成知识的运用和迁移,课上也可能有知识传授环节。翻转课堂模式的理念实际上是为了实现个性化自主学习,适合大学英语课程覆盖专业广、学生水平差别大、学习需求存在差异的特点。学生在依托资源自主学习的过程中交流合作,从内容和形式上都有助于实现英语教学语言交流能力目标的实现;同时,解决问题的过程有助于学生提升自己的思维能力、自主决策和谋划能力。

四、研究型教学

研究型教学是新型教学理念。随着 21 世纪新技术的大量涌现、多学科之间的交叉转移和渗透的加强,传统教育中以知识获取为核心的教育模式已难适应新时期的发展需求，以注重能力培养和创新思维训练为主导的研究型教学被提上日程。研究型教学以知识教育为依托，以能力培养为主要内容，将学习、研究、实践有机地结合，从而引导学生高度参与及充分发挥主动性，并且创造性地运用知识和能力，自主地发现问题、研究问题和解决问题，在研讨中积累知识、培养能力和锻炼思维。

研究型教学理念注重学生对基础理论的探索和研究式学习。首先，教学旨在引导学生对理论知识的提出背景及方法、视角等进行探究，重视学生对基础理论的深刻理解，以实现学生自主学习探究、构建牢固的基础理论体系框架并在此基础上有所创新，注重训练学生的研究型思维并突出创新能力和研究能力的培养。其次，教师可以在教学中采用互动研讨式教学模式，将科研成果转化为教育资源，通过科研案例引导学生灵活运用所学知识，自主提出、分析并解决问题，在互动研究讨论中逐步提高学生的创新能力，锻炼学生的研究型思维。最后，教师可以将科研与教学相结合，鼓励学生参与课题研究，提出并落实新想法，勇于探索未知问题。

研究型教学与思维方法培养有关，教师可以吸收研究型教学的思想和方式，在大学英语课程或专门用途英语课程中进行探索应用，研究的过程就是应用英语搜集信息、交流信息的过程。应用研究型教学理念有助于学生实现个性化学习，使学生在解决问题的过程中提升自己运用英语的能力。

第三章
新形势下大学英语教学特点与教学目标

　　教学设计有三个相关问题：教学目标设计，要素分析（学习者、教学方略、方法手段等），教学效果评价，三者构成有机的教学循环系统。教学目标决定着课程建设和课堂教学的方向，因此，首先要明确教学目标的设计方向和分层目标。教学目标是关于教学将使学生发生何种变化的明确表述，是指在教学活动中所期待得到的学生的学习结果。在教学过程中，教学目标起着十分重要的作用。教学活动以教学目标为导向，且始终围绕实现教学目标而进行。

　　大学英语的教学目标是培养学生的英语应用能力，增强跨文化交际意识和交际能力，同时发展自主学习能力，提高综合文化素养，培养人文精神和思辨能力。课程培养的核心素养是学生的英语应用能力，英语应用能力不仅指听、说、读、写、译技能，还指在较为熟练的英语技能基础上形成的以言行事能力。那么，以言行何事就牵引了大学英语教学改革中教学目标的变化。为了培养具备国际化素质的人才，课程目标从跨文化能力向跨文化领导力转变,落脚点的变化使得课程的技能目标也具有不同于传统教学的侧重。

大学英语课程具有工具性和人文性两个特点,本章从全球治理的视野下,重新审视这两个特点,从特点的实现方式来探索课程教学目标的改革。传统观点认为,工具性体现为英语听、说、读、写、译技能,人文性更多体现在文学和其他社科文化中。对课程教学特点的理解会影响教学目标的设定。本章首先介绍了课程人文性和工具性特点及如何实现这两个方面,然后阐述了新形势下课程教学目标发生的变化和改革探索。

第一节　大学英语教学人文性与实现策略

基于提升学生国际化素质的视角进行大学英语课程建设,课程聚焦的目标会发生变化。在新时代背景下,结合工具性和人文性特点,学生对英语的应用不再是单纯地学习外国先进的科技和文化,更注重解决跨文化情景中的问题,以及传播中国文化、发扬中国智慧。因此,教师应在大学英语教学中侧重引导学生在具体行为中应用英语,兼具工具性与人文性,培养有中国深度、全球广度、人文高度的跨文化交流引领者。

一、大学英语教学的人文性特点与实现方式

（一）大学英语教学的人文性特点

人文是指与人类社会有直接关系的文化现象。个体人文素养的质量标准是个人思想和行为健康，而衡量整个社会的人文素养质量标准是这个社会吸收和发展各种文明成果的结果。文明的进步和发展必定与人文精神的要求相一致，人文性解决的是人与社会、人与自身的矛盾。就个体而言，人文性涉及人性、情感、欲望、情绪、人际关系等方面，关乎能否处理好我与自己的关系；就社会而言，人文性体现为处理与他人、社会和自然等关系是否合情、合理、合法。

在我国发展的新形势下，外语教育需要帮助学生"形成构建人类命运共同体所需要的情感态度和价值观，发展全球胜任力。这正好说明，外语教育要坚持人文之道"。外语教育的原点是人的教育，是人文教育。教育的主体是人，教育的最终目的是实现人的全面发展。大学英语积极践行人文性特点，不仅符合课程为国育才的目标，也与课程特点相一致。实现大学英语人文性特点是课程思政的重要措施。课程思政的本质也是为了培养和树立正确的情感态度价值观，就大学英语的人文性来说，课程教学旨在培养学生的家国情怀、国际视野、社会责任感。

《大学英语教学指南（2020 版）》认为课程的人文性体现为两个方面：跨文化教育和对中国文化的理解和阐释能力。跨文化教育是联合国教科文组织于 1992 年提出的理念，目的是"理解本民族文化发展到鉴赏相邻民族文化，并最终发

展到鉴赏世界性文化"。鲁卫群认为,跨文化教育的目的是"理解异民族文化,养成开放、平等、尊重、宽容、客观、谨慎的跨文化态度,形成有效的跨文化认知、比较、参照、取舍、传播能力"。

　　坚持实现课程的人文性特征,是实现课程价值理性的途径。在全球治理和推动构建人类命运共同体背景下,大学英语课程的跨文化能力目标不能停留在理解和鉴赏他文化的目标阶段。"一带一路"倡议、中国文化"走出去"、讲好中国故事、在国际事务中贡献中国智慧和中国方案等方针政策对大学英语教学的人文性提出了新的要求。大学英语课程担负着民族复兴的使命,是青年学生在未来行业中提升我国的国际竞争力、树立大国形象的起点。大学英语教师要以为国育才的格局,重新审视课程的人文性特征,将课程对人才培养的作用放到我国的全球布局的高度来进行教学改革和建设。

(二)大学英语教学人文性的实现策略

1. 强化教学目标的育人容器作用

　　与科学主义相比,现代的人文主义强调的是关注人的生命、价值和意义;与工具理性或技术理性相比,人文主义强调的是价值理性和目的理性;与实用主义相比,人文主义强调的是注重人的精神追求的理想主义。科学、实用与人文、理想是人类生存和发展不可或缺的两个价值向度。

　　作为人文类课程,大学英语的教学目标不仅是为了让学生掌握知识、形成技能,更重要的是帮助学生形成正确的世界观、人生观和价值观,培养他们良好的道德品质和心理素质,提高他们的鉴赏能力等。课程的重点不仅是传授知识,更要打磨装载知识的容器,真正发挥人文类课程的育人作用。在"四新"建设视野下,大学英语要为各行各业培养德才兼备的高素质、专业化人才,课程教学不能拘泥于知识技能,要把课程的育人作用发挥到最大。

2. 注重教学内容的有机联系

人文是一个宏大的概念,涵盖种类繁多的课程。每门课程既有独特的知识体系,又彼此交叉联系,构成了知识点、技能线、拓展面和课程群的教学内容特点。大学英语课程涉及语言、文化、哲学、社会、历史等人文社科知识,听、说、读、写、译技能,跨文化意识与能力,家国情怀和国际视野等。教师应该注重学科间的交叉联系,将语言学习与人文学科知识技能、人文学科思维及情感态度有机地融合在一起,根据教学对象的特点、人才培养目标,选取不同的人文学科方向进行拓展延伸。

3. 教学方法具有鲜明的互动特色

大学英语的人文性意味着语言学习的内容与人类社会、传统、情感态度等密切相关。大学英语要充分发挥课程人文性的育人作用,必然要突出教学互动,将情感态度的传递融入互动,从而潜移默化、春风化雨地实现人文性特点的课程隐性作用。

二、从跨文化能力到跨文化领导力

根据《大学英语教学指南(2020版)》,大学英语课程的人文性聚焦于跨文化教育和对中国文化的理解和阐释能力两个目标要求。可以看出,课程的人文性实现目标在跨文化交际能力基础上有了进一步的延伸和拓展。

(一)跨文化领导力的内涵

1. 跨文化领导力的概念

跨文化领导力涉及两个概念:跨文化交际能力和领导力。跨文化交际能力的内涵源自海姆斯于 1972 年提出的交际能力。国内外诸多学者对此下过定义。综合来看,跨文化交际能力是一个综合的多元概念,包括知识、思维、行为、情感、个性等不同向度。跨文化交际能力是国际化素质在大学英语课程中的具体实现目标。在全球治理背景下,学生要提升国际化素质,在英语课上仅聚焦传统意义的跨文化交际能力显然不能满足形势发展,需要向跨文化领导力延伸和拓展。

领导力是一个人有效执行领导角色和领导过程的能力,由价值观、人格、智力、社交能力、解决问题能力等多种要素组成,所以领导力也包含了诸多复杂的能力指标,与跨文化交际能力存在要素的重合。大学生领导力的培养近年来颇受关注,有的高校开设了领导力的相关课程。领导力并非是领导者才需要具备的能力,而是跨学科综合素养。随着社会发展,竞争日益激烈,学生无论是在校内还是毕业后,都需要适应环境、解决问题并能快速做出抉择。上述能力本身就是自我领导力。

跨文化领导力的概念、内涵与发展诞生于全球化发展的背景下。大型跨国组织内部呈现多元文化态势,单一文化体系中有效的领导方式和沟通方法,会在多元文化的冲击下失去作用,要推动多元文化组织的发展,就需要注重跨文化领导和管理的独特性。美国跨文化交际学家布罗德贝克(Brodbeck)提出,不同文化实体中的杰出领导者是具有不同特征的,领导活动受文化影响。领导特质、领导行为在不同文化背景下有不同属性。因此,跨文化领导力在某种意义上,被认为是跨文化领导者所具备的能力,也是跨文化情境下的领导力。

2. 跨文化领导力的内涵

顾霄勇、孙剑平、梁瑞兵(2014)将跨文化企业组织领导力划分为六个因素,包括愿景导向力、组织支持力、组织运营力、团队构建力、文化整合力和环境互动力。何斌、李泽堂、郑弘(2014)以领导力理论和跨文化管理理论为基础,将跨文化领导力分为跨文化领导影响力和跨文化领导能力两部分。

综合上述研究,跨文化领导力的内涵如下:在跨文化情境下,主体通过运用跨文化情境要素、个人能力要素和跨文化技巧,产生改变他人心理和行为的力量,从而主导交际方向,对客体施加影响,实现跨文化交际的目标。

跨文化包含两种及两种以上不同文化背景的群体。狭义上说,指跨越不同国家、不同民族、不同地区的文化。广义上说,个体因成长经历、家庭背景、学习经历等不同,有细微不同的文化背景。从这个角度来说,在新的形势下,尤其是全球治理的背景下,跨文化领导力是大学生国际化素质培养的落脚点。

3. 跨文化领导力的特点

跨文化领导力具有三个典型特点。一是情境化。跨文化交际的行为是在具体的交际情境下开展的,受情境要素的影响,具备跨文化领导力的交际者需要灵活运用这些要素,使交际呈有利态势。二是多元化。跨文化交际涉及的交际者具有不同的语言文化背景,交际行为涉及各行各业,每一次跨文化交际都是多元的复杂系统在发生作用。三是动态性。跨文化交际是动态的互动,具备跨文化领导力的交际者能够主动运用要素和技巧,在交际的同时获得反馈,并根据反馈不断调整策略,不断趋近交际目标。

(二)跨文化领导力的培养策略

根据跨文化领导力的内涵和特点,教师应通过大学英语课程,从知识、能力、思维和态度四个层面提升学生的跨文化领导力。

第一,从知识层面说,教师要引导学生掌握必备的语言知识,还要拓展学生的中外多元文化视野。教师应在教学中引入中外历史、社会、文化和时事方面的知识,从而帮助学生形成多元文化视野,灵活把握情境要素。跨文化行为中,交际者对他文化中特定文化事物或文明成果进行跨文化的价值阐释的角度虽然隐蔽,却是跨文化交际中的核心要素。

第二,从能力层面说,教师应提升学生的语言能力和言语能力。语言能力和言语能力在跨文化交际中是呈现形式和载体。要达到推动跨文化事务发展的目的,这两项能力是关键要素。语言能力指英语的听、说、读、写、译技能,言语能力指以言行事的能力,即沟通交流能力、组织管理能力、应急处置能力等。

第三，从思维层面说，教师应引导学生形成初步的批判性思维能力和跨文化意识，帮助学生具备多元动态的跨文化情境下的独立思考能力。批判性思维能力是一种分析与评估系统，能够提升学生对其他系统的理解，是实现独立思考的途径。跨文化意识指个体在从事跨文化交际活动时，具备根据情景、文化等有效信息进行主动调试自我的意识，从而找到有效措施解决问题。

第四，从态度层面说，教师应让学生意识到我国正从全球化的参与者变为推动者。"一带一路"、人类命运共同体、海洋命运共同体等倡议的提出充分体现了我国主动参与全球化进程的力度和决心。就大学英语教学来说，语言能力和言语能力的提升要密切结合交际目的，融合态度与意识。例如，当今国际社会政治、经济、军事、文化等领域的主流已经从对抗转向对话。跨文化交际者需要以沟通消除误解，减少隔阂，寻求共识、求同存异的态度。

第二节　大学英语教学工具性与实现策略

大学英语的工具性与人文性之争由来已久，以蔡基刚为代表的学者认为"外语教学要兼顾工具性和人文性是一个伪命题"，"外语教学的主要功能就是工具"。以杨自俭为代表的学者认为"外语教育不是工具性训练，而是人的基本素质培养"。实际上，工具性与人文性的争论来自认知视角的差异，而非外语教育本身的差异。工具性是从语言本身的属性作为出发点，以应用语言为目的；人文性从教育的视角出发，以育人为目的。二者并不矛盾，统一于外语教育的目标中。在教学中，是趋向工具性还是人文性，如何实现两种特点，是教师需要关注的问题。

一、大学英语教学的工具性特点与实现方式

"英语就是个工具"的说法反映了一些非英语专业教师或学生对于英语的认识，这里的工具性说法隐含着贬义。实际上，工具性是语言的根本属性，并非消极存在。和语言的人文性一样，工具性也是语言的根本属性，人们以语言为工具达到不同的目的。

为什么工具性会具有贬义呢？这是因为我国传统文化中有重道轻器的观念。纵观我国历史，有关论道的书籍数不胜数，论器则沦为下乘，流传下来的论述农业和工业技术的书屈指可数。工具性的消极意义源于重道轻器的观念。在阐述英语教育时，大学英语教师应对英语的工具性有正确的认识。叶蜚声、徐通锵在《语言学纲要》中提出："语言是交际工具和思维工具。"教师不能因为要提升学生的人文素质，就忽视英语的工具性特点，弱化对大学英语听、说、读、写、译技能的训练和对学生语言能力的提升。提升学生的英语语言技能仍然是基础。

《大学英语教学指南（2020 版）》肯定了大学英语的工具性作用，并将工具性属性置于人文性之前进行解读，将课程的工具性界定为两个方面：一是提高听、说、读、写、译等语言综合能力，二是通过专门用途英语学习获得在学术或职业领

域进行国际交流的相关能力。

从《大学英语教学指南（2020 版）》的要求来看，工具性的实现策略既要突出夯实基础，又要指向末端应用。就大学英语教学的核心基础而言，教师要帮助学生形成基本的语言能力，但不停留于技能，而应该在技能基础上培养思维、形成情感态度。就末端应用而言，非英语专业学生学习英语，并非为了将来从事英语语言研究、语言教学或文学研究等，而要投身到各行各业，在各自的专业发展或职业岗位上使用英语进行国际交流，突出英语的工具性作用，具有鲜明的专门用途英语特点。

二、着眼应用需求，提升英语技能

（一）提升英语听说技能，培养沟通能力

1. 提升听说技能的重要性

二语习得理论认为，学习者需要有足够正确的语言输入，才能有正确的输出。语言的工具性首先体现为有声的交流。因此，大学英语的技能目标首先要提升学生的听说技能。

备受诟病的"哑巴英语"指的正是缺失听说技能。传统的以应试为导向的英语教学以"教师讲授知识、学生做笔记"的形式为主，学生掌握了大量语言知识，却不能与他人用英语进行有效的口头交流。技能的提升需要通过磨炼才能获得。

从语言学习的形式和顺序来看，听是输入和接收外来语言信号，说即模仿与创造，是接受外来语言信号刺激并进行

输出。听、说、读、写、译技能均具备科学而有机的联系，互相促进，也互相掣肘。据美国外语教学法专家里弗斯(Rivers)和坦珀利(Temperly)的统计，听在人类交际活动中所占比例为45％，位居听、说、读、写、译五项技能之首。不难发现，阅读好的学生听力不一定好，但英语听力技能好的学生，其他技能也不会弱，因为听力好意味着学生能够适应英语的思维方式，顺利、流畅地接收信息。儿童从五岁起，就掌握了80％左右的母语能力，在不认字的情况下，儿童可以单纯靠听进行输入学习。在实际的语言应用中，英语教师要充分意识到听力技能的重要性。

2. 听力教学是难点

大学英语教师大多将输出作为语言教学的难点。表面看来，听很容易，说似乎才是困难所在。但实际上，不论是在课堂上还是走上工作岗位后，笔者发现听力才是影响交流的关键所在。但如果查阅知网等，便可发现关于听力教学的研究不仅屈指可数，且理论相对陈旧。对于听说能力，教师通常将关注点放在说的教学上。在大学英语教学中，教师对英语听力存在无从下手的情况，常依赖全英语授课本身，或通过播放音频、视频指导学生。

听懂有声语言是复杂的认知过程，需综合听觉、语言能力、背景知识及思维能力综合发生作用。做听力练习时，教师要引导学生判断、分析、综合接收到的语言输入，这正是听说训练结合的教学切入点。教师应在课堂上进行设计，以说的输出引导听的输入，将听力训练变成说的必要环节，无论是采用任务教学法还是产出导向法，都将说设计成综合的语言输出,即学生不仅需要听懂,而且需要在教师指导下加工听的素材进行语言输出,从而达到事半功倍的效果。

3. 以培养沟通能力为高阶目标

据上节论述,听说技能的提升需要从技能升级为以言行事的能力,即沟通交流能力及基于沟通交流能力的各项职业素养能力,如组织管理能力。从培养跨文化领导力的视角来看,听说能力是培养领导力的必备途径,因为领导力的最高层次影响力是通过言行实现的。要主导交际,就需要考虑如何以语言实现有效交际。

以培养沟通能力为提升听说技能的高阶目标,需要融入思维培养,提升学生的跨文化意识和批判性思维能力。如果想培养从事某种专业或某个行业的沟通能力,教师还需要将语言学习与专业背景知识结合,再融入思维培养,到专门用途英语中实现。以这样的目标进行大学英语教学的听说技能培养,对教师的要求较高。

(二) 提升英语读写技能,培养信息能力

1. 以实际应用能力为基本目标

传统的大学英语教学受教师学科专业影响和传统学科视野所限,读写技能的提升往往通过教师分析语篇、讲解修辞、赏析文章等使学生领会课文,并运用语言进行输出。事实上,对于非英语专业学生而言,他们使用英语不只为了欣赏文学作品,更重要的是以英语获取前沿信息,深化专业学习,或者以英语从事未来工作,如商务谈判、签订合同。学生将来会遍布各行各业,教师应以学生需求为导向,设定教学

目标,而不是以教师擅长的方式来进行教学。教师若想提升学生的读写技能,应结合学生所学专业并兼顾学生未来岗位应用来确定教学目标。

2. 以培养信息能力为高阶目标

提升读写技能的高阶目标是培养信息能力,即搜集、理解、分析、阐述、评估语篇等能力。为了培养学生获取信息的能力,教师应对读写技能的训练方式和重点有所侧重。就阅读技能而言,快速阅读获取所需信息、结合思维训练深度阅读理解细节和言外之意、能够追本溯源评估语篇的观点态度等是阅读训练的重点;就写作能力而言,信件等各类应用文写作、论文摘要、未来岗位的写作应用是写作训练的重点。

需要注意的是,强调以信息能力为高阶目标并非要全盘否定传统的教学方式,而是改变了落脚点,从而引起了教学过程与方法的改变。例如,教师分析修辞方式的目的不再是欣赏语言,而是引导学生把握修辞中隐含的信息和立场观点。改变落脚点后,传统方式趋向于解决新问题,教师不仅需要掌握英语的学科专业,也需要了解学生的专业和未来行业。

(三) 提升双语翻译技能,培养专门用途英语能力

1. 提升翻译技能的必要性

《大学英语教学指南(2020 版)》的翻译技能目标针对三种文本:所学专业或未来工作岗位相关的英文文献资料、应用性文本、体裁正式和题材熟悉的文本。从内容定位来看,三种文本都趋向于专门用途英语。

　　传统大学英语教学观念认为,翻译能力针对培养翻译人才,对于非英语专业学生来说必要性不足,尤其是理工科学生只需具备一定的阅读能力即可。然而翻译技能除了直接服务于学生学术交流和未来工作之外,还有两个重要作用:一是翻译技能能够有效提升学生的深度阅读能力,因为学生能够通过翻译训练更加有效地把握两种语言的差异;二是提升学生的语言能力,即学生在学习英语的同时能够促进其汉语能力的提升。

　　2. 提升翻译技能的策略

　　教师应将翻译教学环节融入大学英语教学。教师应引导学生掌握基本的翻译理论,结合思维差异和文化差异精准理解两种语言的差异,从而在语言转换中领会语篇的深层含义。

　　教师应精选翻译教学内容。大学英语课文内容丰富,语言特点多样。教师应在一般用途英语教学中选择与我国文化相关,与社会各行各业相关的内容进行翻译训练。教师应在专门用途英语教学中聚焦学生未来专业或职业,采用个性化教学方式,将学生未来应用英语的内容直接纳入翻译教学。

第四章
大学英语课程思政目标与策略

　　课程思政是国家对教育教学提出的与时俱进的新要求和新标准。《高等学校课程思政建设指导纲要》(2020年5月)指出:"全面推进课程思政建设是落实立德树人根本任务的战略举措。"全面推进课程思政建设,就是要寓价值观引导于知识传授和能力培养之中,帮助学生塑造正确的世界观、人生观、价值观。

　　高等教育的重要使命是培养高素质人才,为国家提供智力支持,支撑我国的硬实力和软实力发展。外语教育为学生提供跨文化交际能力,拓展国际视野,为我国的人类文明共同体倡议提供人才储备。人类命运共同体倡议将每个民族、每个国家的前途命运紧紧地联系在一起,产生日益广泛且深远的国际影响,同时标志着我国进入了引领时代潮流和人类文明进步方向的新时代。在新的历史定位中,服务于国家的外语教育应进行重新规划,融入适应新形势发展的情感态度。课程思政改革在大学英语课程践行为国育才、立德树人方面起重要作用。

　　大学英语作为公共基础课,具备专业课不能比拟的优势：课时量大，教学对象范围广，教学时间长，教师和学生互动多。本章介绍了大学英语课程思政的目标、资源与实现策略。

第一节　大学英语课程思政目标与资源

大学英语课程除了具备工具性特点，其最大的特点在于人文性。人文是人类社会的各种文化现象，文化是一个民族真正的灵魂，教师应将我国的民族文化寓于课程中。大学教育具备传承人类文明和文化的作用，应体现全人教育。大学英语课程不仅要致力于实现人们的相互沟通，更要培养宏正达通之士，陶冶品学才识健全之士风。在全球治理的新时代，要构建人类命运共同体，世界各国之间存在文化交流和互鉴。因此，各高校应致力于培养卓越的英语复合型人才和具有跨文化领导力的国际化人才。

一、大学英语课程思政目标

蒋洪新（2019）指出："面向构建人类命运共同体的外语教育旨在培养具有中国情怀、国际视野和跨文化沟通能力的人。"本节结合第一章国际化素质要素构成，构建了大学英语的课程思政目标，如图4.1所示。

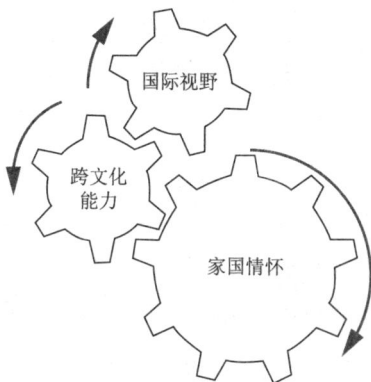

图 4.1　大学英语课程思政目标

（一）具备家国情怀,热爱祖国、热爱人民

习近平总书记在全国抗击新冠肺炎疫情表彰大会上深刻指出了家国情怀的核心要义:"社会主义核心价值观、中华优秀传统文化所具有的强大精神动力,是凝聚人心、汇聚民力的强大力量。文化自信是一个国家、一个民族发展中最基本、最深沉、最持久的力量。向上向善的文化是一个国家、一个民族休戚与共、血脉相连的重要纽带。中国人历来抱有家国情怀,崇尚天下为公、克己奉公,信奉天下兴亡、匹夫有责,强调和衷共济、风雨同舟,倡导守望相助、尊老爱幼,讲求自由和自律统一、权利和责任统一。"

家国情怀体现了从中国看中国的立场和态度。历史奔腾不息,始终激励人们前行的正是精神的凝聚和价值的沉淀。各高校应培养学生的家国情怀,使学生热爱祖国、热爱人民,为中华民族的复兴砥砺前行。参与全球治理的国际化人才首先要熟悉党和国家的方针政策,了解中国国情,熟知中国传统与文化。跨文化教育从诞生之初就强调文化本位的重要性,而在外语教育中,首先要重视对本民族文化的学习与传承。

中华民族秉持"天下为公"理念,在探寻21世纪人类共同价值体系、建设人类命运共同体的过程中,展示了全球治理的中国智慧。教师应引导学生深入学习和理解中华传统文化,提升学生的民族情感和民族文化自信,让学生形成文化自觉,进而形成主动践行和传播中华传统文化的意愿,主动肩负全球治理的中国担当。

(二)提升跨文化能力,理解差异,主动沟通

习近平总书记在2019年的亚洲文明对话大会开幕式主旨演讲中提出"坚持相互尊重、平等相待""坚持美人之美、美美与共""坚持开放包容、互学互鉴""坚持与时俱进、创新发展"四个方面的主张,深刻揭示了人类文明孕育、发展、交流、对话、互鉴的规律,深刻洞察了面向未来人类文明发展的规律与趋势,深刻剖析了世界百年未有之变局背景下各国文明的相处之道。

跨文化能力体现了从中国看世界的态度。教师应基于文化本位,构建学生的外语能力,引导他们理解自身文化和他文化,思辨地看待文化间的异同,实现有效沟通,从而构建适应全球治理背景的跨文化交流能力。真正的民族自信和文化自信是建立在知己知彼的基础上的,学生要想适应全球治理的发展趋势,就要善于学习人类文明发展的优秀成果,取其精华,为自己所用。

（三）形成国际视野，开放平和，求同存异

国际视野是指人们能从世界的高度了解世界历史和当今国际社会，评价本国地位和作用，认识自己的权利和义务，并在国际交往中有恰当的行为和态度。国际视野是一个人在全球化背景下具有的意识、知识、能力的综合体现。作为思政目标，国际视野体现为国际意识。国际意识是相对民族意识而言的，被称作"世界意识"或"全球意识"，是一种自觉地了解世界、了解人类社会历史发展多样性的心态，是一种积极、平和、理性参与国际活动的高品质思维。

国际视野体现了从世界看世界、从世界看中国的态度。在世界经济、政治深刻变化的推动下，全球治理体系的理念从"冷战思维""零和博弈"的旧理念转向"共商、共建、共享"。全球治理体系由少数几个西方国家所主宰的时代已一去不复返，新兴发展中国家已经在全球治理中扮演越来越重要的角色。为了适应新的发展形式，教师应借由大学英语课程帮助学生形成家国情怀，提升学生的跨文化能力，进而使学生具备国际视野，能够从更加宽广的全球视角看待问题，使学生具备减少隔阂、寻求共识、求同存异的态度。

经济合作与发展组织（Organization for Economic Cooperation and Development，简称 OECD）提出了全球竞争力／胜任力的四个关键要素：对地区、全球和跨文化议题的分析能力；对他人的看法和世界观的理解和欣赏能力；与不同文化背景的人进行开放、得体和有效互动的能力；为集体福祉和可持续发展采取行动的能力。这意味着我们培养的人才要具有求同

存异的能力,具有达成共识、引领全球治理的能力。

课程思政目标是情感态度目标,有着鲜明的立场。总结上述三个方面,教师应通过大学英语教学使学生热爱本民族文化,具备应对跨文化交流的意识和意愿,形成全球治理的使命感和责任感。

三个思政目标是递进与衔接的关系。学生应理解和热爱本民族文化,坚定立场态度,在此基础上进行跨文化交际;应能够游刃有余地应对各种涉外情景与工作,进而拓展国际视野,成为适应国家发展的国际化人才。在大学英语课程思政设计方面,教师应注重资源挖掘与策略实施的体系化。例如,第一学期应注重对学生民族情感的培树;第二学期应强调文化比较;第三学期应提高站位,从国际化素质的提升来培养学生的情感态度。教师应根据思政目标对课程思政进行整体设计,避免重复,以免减弱实际学习效果。

二、大学英语课程思政资源

(一)大学英语课程思政资源的特点

1. 思政资源丰富

大学英语课程不是由单一的知识构成的,而是围绕着学生人文素养提高这一根本任务,借鉴吸收其他人文课程知识开展的。具体来说,大学英语课涉及语言、文化、社会、历史、专业知识,听、说、读、写、译技能,跨文化意识与能力,家国情怀和国际视野等,旨在形成一个有机联系的内容体系,拓展学生的知识面。

尽管该课程的核心目标和教学内容是英语技能,但是由于课文内容丰富,并且具备人文性特点,因此,大学英语课程承载了丰富的思政资源。语言是文化的载体,大学英语学习过程既是从语言中获取文化信息,亦是从文化中学习语言。课程思政是以学科专业知识为载体,大学英语课程的思政优势在于其不仅能够以英语为载体,而且能够以语言承载的社科文化等知识为载体,极大地丰富了思政育人的空间。

2. 文化价值充足

大学英语教学内容多涉猎人文思想,富含丰富的文化价值、积极向上的人生态度,可以有效帮助学生树立正确的生活态度和价值观念。

3. 隐性作用鲜明

教育学中,根据呈现形式,课程分为显性课程和隐形课程。显性课程是正规课程、官方课程、公开课程,指为实现教育目标列入学校教学计划的课程。隐性课程指学生在学校情境中无意识地获得经验、价值观、理想等意识心态内容和文化影响。大学英语课程虽然是显性课程,但是其人文性的隐性作用鲜明,具体包括以下几个方面:教师讲授课文承载人文社科内容中传递的价值观等;第二课堂活动创造出的校园文化氛围、竞赛和涉外环境等;课内外组织语言实践任务时不可或缺的组织运行方式;大量的师生、生生互动中蕴含的人际关系、心理状态等。这些隐性作用具备鲜明的情感态度特征,与课程思政密切结合,教师在挖掘思政资源时要充分考虑。

（二）大学英语课程思政资源的内容

拓展知识面是大学英语课程人文性思政的主要开发层面。依托语料的人文性特点进行课程思政教学，意味着课程思政不再是课程的附加内容，而是跟随课程教学无处不在、润物细无声的过程。

大学英语的思政资源丰富多样：一是可以充分使用教学内容所承载的人文性内容；二是可以联系相关话题，进行拓展训练，尤其是联系时事；三是借用教学方式进行思维训练，达到思政的目的，例如，通过批判性思维的阅读、写作与讨论，引导学生思考当下的社会问题，辩证地分析问题，达到课程思政的目的；四是以教师自身感染学生，一位感情充沛、三观端正的英语老师，会把其对教学的热爱、对学生的关注、对工作的热忱、对学术的严谨等态度融入教学，春风化雨、潜移默化地对学生产生影响，这是不能忽视的一个要素。

1. 家国情怀

国家情怀包括全球治理的中国角色和中国智慧、社会主义核心价值观、中国历史、中华文明、中华传统文化、新时代中国特色社会主义理论、当代中国的发展、创新精神、职业道德、具有时代特色的榜样人物事迹、身边教师和同学的正能量事例等。

2. 跨文化能力

跨文化能力涉及世界主要国家和地区的文明文化、世界主要国家和地区的风俗与禁忌、世界历史、外交礼仪、文化对比、涉外案例、跨文化冲突的解决、行业中从事涉外工作的事迹案例等。

3. 国际视野

国际视野包括人类命运共同体思想、全球治理的概念与理论、新型国际关系、"一带一路"倡议、当代政治与经济、国际形势、国际关系、国际时政要闻等。

(三) 大学英语思政资源的挖掘方式

外语教育本身承载了丰富的语料内容,涉及文学、历史、文化、社会、思想等人文社科内容,而专门用途英语蕴含了国际交流和行业交流的专业内容,不仅富含丰富的思想文化价值,还体现了职业道德和职业修养。

思政资源既可以基于教学内容,也可以是课内学习内容的拓展,或者是教师通过教学方式展现的思维方式。基于课程人文性,课程思政并非教学内容的补充,而是融于所有教学环节之中。人文类课程具有隐性课程的性质特点,更加能够以春风化雨的方式实现思政目标。

1. 利用教学内容自带的思政资源

课文内容和讨论符合思政目标,能够培养学生的家国情怀、跨文化能力和国际视野。凡是有益于学生形成正向的人生观、价值观的内容资源,教师都可以利用,包括传授历史文化与社科知识、批判性比较分析中外文化、挖掘思辨话题训练学生批判性思维、联系社会时事热点、融合教学内容与院校独特的文化与学生未来职业规划等。

2. 联系时政要闻,动态拓展教学内容

教学内容本身是静态的,但是与国际形势、国家发展、外

交形势等时政要闻话题和观点密切联系。教师应动态拓展教学内容,联系时事,譬如在疫情期间,联系外国态度分析我国的舆论立场和外交政策,指导学生学会基于国家民族视角长远看问题。

3. 拓展跨文化教育素材,培养跨文化意识

对于涉及外国文化的部分,教师应引导学生反思文化本位问题,引导学生运用马克思主义的立场观点方法,采用思辨的视角对比中外思维方式、社会、文化、历史等。在提出跨文化教育理念之初,教师就应强调文化本位。实际上,任何人对于他文化的理解和认识都是基于本民族文化基础之上的。教师应引导学生通过学习外国文化反观民族文化,理解我国文化,培养学生的文化自信和家国情怀。

4. 引导学生学会学习,提升自主学习意识

教师应培养学生的自主学习能力、思辨能力,形成终身学习能力,因为能力素养的提升是持续的。教学过程中,教师需要根据思政目标的需求,引导学生形成主动拓展所学的意愿、广泛阅读的习惯和独立思考的能力。

第二节 大学英语课程思政实施策略

一、树立课程思政理念

教学理念是教师在教学实践中形成的关于教学的基本认识和看法,以及在教学中所追求的预设教学目标。教师的

教学理念是影响有效教学的重要因素,对有效教学起指导作用,并支配教师的教学行为。

大学英语课程思政由于承载的资源丰富,相对于理工类课程的思政资源较为容易挖掘,无论从哪个角度、以哪种思路介入,都能够进行情感态度的导向教育。大学英语课程思政资源过于丰富,信手拈来固然容易,但容易形成碎片化的思政教学,不能充分发挥思政作用。同时,大学英语课程分多学期完成,教师如果在思政设计方面没有统一的规划或充分的集体备课,容易各自为政,深浅不一。

大学英语课程思政要树立为国育才、适应全球治理新形势、培养人才的理念。树立的三个思政目标(家国情怀、跨文化能力和国际视野)均应适应国家全球治理理念的发展。在大学英语思政资源挖掘上,教师应该聚焦全球治理背景,针对课程思政目标,充分发挥英语课的思政特点,系统地挖掘课程思政资源,实现知识传授、能力培养和价值塑造的优化效果。

二、以思辨为思政途径

课程思政不是知识传授,而是价值观培树,需要教学双方发挥主观能动性去践行。如果要实现上述课程思政的目标模型,则需要培养学生的思辨能力,引导学生独立思考,形成个人认识和观点,从而实现价值观培树。人文思辨能力是课程思政的工具,也是达成大学英语教学目标、培养跨文化领导力的途径。人文主义思辨能力是一种抽象思维能力,是一种以人为本的基于客观事实和经验做出合理分析、推理和判断的能力。

《中庸》论及了"学、问、思、辩、行"五步学习法,"博学之,审问之,慎思之,明辨之,笃行之"。从内在逻辑来看,思与辩是从学到行的必经途径,是知行合一的方式方法,通过形成正确的观点态度来达成知行合一。教师进行跨文化交际教学,要重视培养学生的独立思考能力。

人文性思辨有明显特征:一是思辨的结果不是为了求得唯一正解,而是综合考虑多种因素;二是对人文性问题进行思辨的过程、对所主张观点进行辩护性解释和说服性论证是维护观点的主要说理方式;三是最终目标不是为了证明一个科学定理,而是为了鉴别和选择一个最佳的价值理念或行动准则。

表 4.2 为文秋芳构建的思辨能力层级理论模型。第一层次为元思辨能力,是一种对思辨计划、检查、调整与评估的技能。第二层次为思辨能力,包括认知技能和情感特质,受元思辨能力的管理与监控。从表格来看,思辨技能包括分析、推理、评价三大类。在大学英语教学中,教师应针对思辨能力的标准将语言的输入、输出拓展为对内容的分析、推理和评价,以达成通过思辨实现思政的重要作用。

表 4.2　思辨能力层级理论模型

元思辨能力（自我调控能力）——第一层次		
思辨能力——第二层次		
认知		情感
技能	标准	好奇（好疑、好问、好学）
分析（归类、识别、比较、澄清、区分、阐释等） 推理（质疑、假设、推论、阐述、论证等） 评价（评判预设、假定、论点、论据、结论等）	精晰性（清晰、精确） 相关性（切题、详略得当、主次分明） 逻辑性（条理清楚、说理有根有据） 深刻性（有广度与深度） 灵活性（快速变化角度、娴熟自如地交替使用不同思辨技能）	开放（容忍、尊重不同意见，乐于修正自己的不当观点） 自信（相信自己的判断能力、敢于挑战权威） 正直（追求真理、主张正义） 坚毅（有决心、有毅力，不轻易放弃）

三、创新教学方法手段

1. 采用开放式、思辨式的教学方法

有效的教学方法和教学手段是实现有效教学的必要保障。采用任务型教学法、产出导向法、翻转课堂、研究型教学、自主学习等能倡导学生独立思考的开放型教学模式和方法，可以鼓励优化语言输出，充实语言输出内容，提高学生的思辨能力，是实现课程思政的重要途径。

在人文社科领域中，问题的答案往往是多元的，这是由人文社科领域的非稳定性和不确定性的内在属性决定的。大学英语的人文性特征由课程内容决定，课堂的各种语言输出也具备人文社科领域的发散性特点。教师应引导学生在慎思和明辨中深入思考和广泛讨论，引导学生通过思考去分

析和解决问题,并在过程中引导学生形成正确的情感态度。开放式的教学方式不等于让教师放弃课堂,完全由学生自由展示答案。教师要设计出始终把握的主线,解决问题的方式可能有很多,但解决问题的方向就是教师可以设计的思政主线,如在辩论活动中的主线是利国利民。从这个角度说,课程思政不仅是目的,也是促进大学英语教学新教学方法的有效途径。

2. 运用信息技术手段和平台

传统的大学英语教学中,教师多采用"满堂灌"的方式去解读文章。随着交际法、任务教学法、产出导向法等教学方法的出现,大学英语教学以学生语言实践为主,但是一些教师仍然趋向运用传统的课堂方法、手段进行授课,留给学生思考的空间不多,致使学生进行语言实践和思维培养的展示机会有限,课堂参与度不高。随着信息技术手段的发展、信息技术平台的运用,混合式教学改革成为趋势。教师应运用新技术手段创造真实或模拟的视、听、说融为一体的语言环境,有目的地引入具有情绪色彩的、生动具体的场景,以引起学生一定的态度体验,从而帮助学生掌握知识、获取技能。

在我国文化语境下,学生与教师之间存在一定的心理距离,面对面交流有时会使学生产生隔阂和心理压力,由此加大了教师与学生进行交流沟通的难度。而依托新媒体平台,学生可放下心理防线,畅所欲言。这种情况在新冠疫情期间线上教学中得以充分体现,课上不愿意表达的同学,在各种媒体平台,如QQ群中,能够用英语积极主动发言,表达观点。基于技术手段的交流,缓解了学生公开讲话的学习焦虑,增强了他们的表达意愿,对于教师的观点他们更容易接纳。

大学英语教师应当结合实际情况,利用微信、QQ 等平台,将课程思政延伸至新媒体平台,除了教学活动平行空间到新媒体平台之外,也可以对学生开展教学管理、心理疏导、人文关怀,为实现学生各项素质的全面发展给予有力帮助。

新技术手段、新技术平台的运用将丰富线上、线下、微课、慕课等多种混合式教学方法,丰富教学手段,使学生身临其境地参与课堂的语言实践活动,充分展示人文思辨的观点。在教师有效挖掘思政资源并运用的前提下,改革方法和手段将有助于学生在独立思考和语言训练中潜移默化地达成思政目标的情感态度价值观。

四、第二课堂助力课程思政

大学英语课程具有思政教育的独特优势。大学英语作为全校非英语专业的公共基础课,不仅具有受众广泛、互动多、时间长等特点,还有一个重要的思政优势:第二课堂活动、学科竞赛。教师通过课程思政与第二课堂的融合,可以实现课上课下的融会贯通,从而提高课程思政的实效性。实现全程育人、全方位、立体化育人是大学英语的特色和使命。

目前各高校都在普遍开展大学英语的第二课堂,包括竞赛类和活动类。竞赛类有演讲、辩论、跨文化情景比赛等,活动类有英语角、讲座、英语歌大赛、文化周等。教师可以利用各种比赛和活动来提升教学成效,为学生提供展示才能的舞台,创造校园文化氛围。对学生来说,参加第二课堂比赛能够展示自身的能力，从而带来强烈的学习动机。这种方式能够提升学生的语言技能，拓宽他们的国际视野，同时，丰富的第二课堂活动形成的积极向上的校园文化氛围又可以进一步促进教学，形成良性循环。因此，第二课堂活动是有效思政的途径之一。

第二课堂是课堂教学的延伸，使学生有机会应用所学，获得完整跨文化交际的体验，有助于提升文化自信，提升情境下处理涉外事务的能力。因此，教师需要根据教学目标重构第二课堂活动，将第二课堂纳入课程改革，并非作为课堂教学之外的辅助，而是作为大学英语课程思政改革的一部分来建设。

1. 将竞赛类活动融入课堂教学

近年来比较常见的第二课堂竞赛形式包括演讲、写作、阅读、辩论、跨文化情景、模拟联合国等。外语教育的传统课堂学习形式包括听、说、读、写、译技能训练，强调互动的讨论、角色扮演，也可以加入即兴演讲、辩论等丰富的实践形式，通过与第二课堂教学的融合实现全程育人。

第二课堂的形式本身也是课程思政手段。将第二课堂竞赛活动融入教学，将有效促进课堂语言输出的效率和质量，也是课程思政的有效途径。

2. 以竞赛与活动的话题强化情感态度价值观培树

教师可以通过对话题的设置，使第二课堂培养出更多具有多元思维和创新能力的国际化人才，锻炼学生的语言实际应用能力、文化感知交际能力、外交谈判沟通能力、领导组织协调能力。

教师在第二课堂竞赛中要发挥脚手架的作用,关注国内外热点资讯,掌握最新的热门英语表达,融入思辨性、拓展性和创造性等关键要素,引导学生感受中外文化的碰撞,增强学生的跨文化交际意识,培树学生的家国情怀和国际视野。

3. 营造校园文化氛围

除了竞赛类活动,大学英语课程还有丰富多样的第二课堂活动形式,包括校园广播、英语歌曲比赛、公益视频录制、模拟学术会议等。学生通过参与各类英语实践活动,锻炼英语语言能力,直接获得涉外活动的真实或模拟体验。情景模拟类的第二课堂助力大学英语课程思政的过程,就是使学习者沉浸在真实或虚拟的跨文化情境下,完整经历社会实践探究和实践活动,从而体验跨文化交际的全过程。同时,这些活动的成果展示会营造与话题相关联的校园文化氛围,提升人文性育人的成效。

五、建立课程思政考核评价体系

评价教学的有效性必然涉及考核环节。教学改革也离不开考核评价体系的改革。评价机制的科学有效性将协助教学改革形成良性闭环,充分检验教学效果,提升信度和效度。因此,课程思政要改革的不仅是内容、模式、方法,还需要改革考核评价体系。

传统的知识技能考核不足以反映学生课程思政的学习效果。目前有关这方面的研究不多,因为课程思政的目标具有隐性特点,换句话说,情感态度具有隐蔽性,学生展现的不一定是真实情感,这加大了思政考核的难度。大学英语教师需要积极探索有效的学习方法。课程思政的考核评价体系建设与改革可以采用如下方式。

1. 纳入过程性评价

有效教学中,过程性评价教学的有效性比结果性评价教学的有效性更加重要。教师应将学生学习过程中对语言学习心得的交流、口头回答问题、写作交流观点、讨论交换意见中体现的情感态度要素计入评价环节,进行量化评价,并在设置语言任务时,明确情感态度评价的量化标准。

2. 将隐性内容显性化

情感态度可以通过言行体现出来。例如,以反思报告涵盖学生在完成口语实践活动中的情感态度,以写作任务中的观点体现教学目标中的思政目标。在口语活动或者第二课堂演讲或辩论竞赛中设置仪态得分,体现学生在国际化素质中的行为态度。虽然思政目标中的情感态度是隐性目标,但是学生所秉持的立场态度、对各种现象和本质的认同,经过教师的设计、引导和量化,是能够通过学生的言行体现出来的,教师对此进行客观评价将有助于教学。

六、提升教师的课程思政能力

《高等学校课程思政建设指导纲要》(2020)指出,要紧紧抓住教师队伍"主力军"、课程建设"主战场"、课堂教学"主渠道",让所有高校、所有教师、所有课程都承担好育人责任,要将课程思政融入课堂教学建设全过程,要提升教师课程思政建设的意识和能力。

　　基于人文性特点,大学英语的教学内容与社会、国家、人类、文化、文明、历史等方面密切相关,学生在学习英语的过程中会接触一些国家的价值观和文化理念。上述学科所涉话题往往涉及教师人生经历、观点态度和情绪体验,学生对问题的理解很容易受教师情感态度的影响。教师要帮助学生客观、思辨地审视英语教学内容中的思想文化内涵,教学过程中教师的个人经验、情绪和体验也会有意无意地渗透到教学过程中。因此,大学英语教师课程思政能力建设的重要性不言而喻。教师的课程思政能力建设要与其教学和科研能力的提升形成协同效应。

　　教师要有效认识课程思政的重要意义,意识到自身所肩负的教育任务,有意识地在大学英语课堂上帮助学生有效认识及拥护中国特色社会主义理论体系,尤其是在习近平新时代中国特色社会主义思想的指导下,要培养学生的爱国情怀、民族自信,对中华民族增强情感态度的认同,引导学生为实现中国梦不断努力奋进。

　　课程思政是教师自我培养的学习过程。师者,所以传道受业解惑也。教师必须自己首先不惑,思路清晰、立场坚定,才能实现培养人才的目标。教师应具备家国情怀、跨文化能力和国际视野,增强对我国文化的理解与赞同,形成民族情感和民族自信。

　　所谓教学相长,课程思政本身是培养教师队伍的有效途径。大学英语教师要积极承担起为国育才、精神引领和价值塑造的责任,要积极探索如何使自己具备相关知识,如何创新教学模式将思政内容自然而然地、巧妙地渗透在教学设计和课堂教学中,如何科学监测和评价教学效果。为此,大学英语教师除了要具备深刻的课程思政意识,还需要厚植政治素养和底蕴,同时发展自身的课程思政能力与教学科研能力。

大学英语教师要注重言传身教。作为道德品行的共同塑造者,教师的言行始终发挥着思想价值的引领作用。教师具有高尚的道德情操、家国情怀、文化自信,方能亲身施教,于言说方式、举手投足中,以共情的方式引导学生在知识、情感、意志、行为方面进行转化。

课程思政使教育者反思教育教学的多个维度,重视培养学生具备正确的世界观、人生观和价值观。这个导向本身就是高等教育人文性导向的回归。大学英语具备人文性特质,从人文性角度挖掘课程思政的途径既符合课程特点,也符合课程思政的本质需求,有助于提升课程的教学效果。

第三节　课程思政教学课例

以《新标准大学英语综合教程2》的第7单元为例,主题 The World at War 包括两篇文章:第一篇文章题为"Hiroshima—the Liveliest City in Japan",为精读课文;第二篇文章题为"The Story of Anne Frank's Diary",为泛读课文。

本单元共设置4课时。其中,精读课文安排3课时。教师应采用任务驱动的设计理念,以完成一次主题演讲为任务牵引,课文的学习应采用语篇分析的方式。教师应引导学生积累表达方式,采用批判性思维的提问工具引导学生发散思维,解决学生演讲内容空洞、缺乏有效例证的问题。泛读课文安排1课时,教师可以通过设置讨论问题,引导学生自主学习。

一、教学目标

教师可将每单元目标细化为知识、技能、思维、情感态度价值观。其中,知识与技能层面为语言目标,思维和情感态度价值观层面为育人目标。本单元教学目标如下。

(一)知识

学生能够准确应用本单元所学单词和表达方式。

(二)技能

学生能够预测和推断作者的写作意图;能通过细节描写分析人物复杂的内心活动;能够将举例的方式有效融入演讲,贴切而充分地表达观点。

(三)思维

学生能够运用批判性思维工具,以典型事例、反例和相关事例进行思考与话题演讲;能够从其文化背景差异分析矛盾,寻求解决方案。

(四)情感态度价值观

学生能够摒弃民族主义思维,认可文化的多元性,认同战争的残酷,具备人道主义情怀。

二、教学程序

教师就教学组织流程采用了任务式教学法的模式,着重对课程思政部分进行了设计。针对本课例,笔者设置了演讲任务,紧密结合思维训练与课程思政。

表 4.1　大学英语课程思政教学流程

环节	学生运用语言并完成任务	教师引导、指导、协助、评价	时间安排
课前	1. 学生学习 Unipus 平台上的课件资源,完成自编学习手册预习部分内容;将语法、词汇、篇章结构等基本知识的问题发至学习平台 2. 学生通过教师提供的网站,自主学习背景资料,包括第二次世界大战背景、《菊与刀》选读、战争的起源和发展趋势、选择日本文化等主题,写一篇 200 字以上的学习报告	1. 教师根据学生预习问题设计课上精讲内容 2. 教师根据学习报告,针对学生思想认识中的问题,设计思政路径	课前学习 2 小时左右
任务前	学生须完成题为"How should we remember history?"的 3 分钟英文演讲,录制视频,并将视频在小组内进行互评,选出小组内的最佳视频,分享至班级群,并说明小组推荐意见(本讲任务设计主要解决演讲的逻辑性和充实性问题)	教师布置任务,明确评价标准	第 1 课时

续表

环节	学生运用语言并完成任务	教师引导、指导、协助、评价	时间安排
	课文学习,阅读训练,翻译练习: 1. 学生能够预测和推断作者的写作意图;通过词汇衔接链分析人物复杂的内心活动 2. 学生能够理解课文中的语言难点,掌握重点表达方式	1. 教师采用语篇分析的方法引导学生完成课文学习 2. 教师根据预习中的问题设计翻译练习	
	讨论并拓展思维: 1. 学生应学习对概念进行提问的思维工具 2. 学生对上个环节提出的问题进行评价 3. 学生能够运用对上述话题的解读,讨论课文中人们希望忘记历史耻辱的态度	1. 教师引导学生掌握对概念进行提问的思维工具,引导学生拓展思路 2. 教师引导学生采用移情的态度理解跨文化交际中的矛盾,以人道主义情怀看待战争的残酷,坚定职业信念	第2课时
任务中	学生须完成题为"How should we remember history?"的3分钟英文演讲视频初稿,并发给教师	教师答疑解惑;根据初稿收集典型问题,设计解决方案	课后
	1. 学生应在教师引导下,说出撰写演讲稿和进行演讲时的体会和遇到的困难 2. 学生应学习如何就逻辑性和内容充实性问题修改演讲稿 3. 学生应在教师的引导下拓展思路	1. 教师分析演讲稿中出现的问题 2. 教师以奥普拉的演讲为例进行分析	第3课时

续表

环节	学生运用语言并完成任务	教师引导、指导、协助、评价	时间安排
	4. 学生应理解一个优秀的演讲者为什么需要为国为民,如何传达公允的态度(视频展示环节为第三课时的缩影,本部分是体现语言和育人的最大亮点环节) 5. 修改演讲稿	3. 教师引导学生理解跨文化交际的目的就是促进交流,通过沟通最大限度地解决冲突和矛盾 4. 教师引导学生摒弃民族主义思维	
任务后	泛读与讨论: 1. 学生应以泛读训练的方式学习第二篇课文《安妮日记》,把握关键信息,体会安妮的情感态度 2. 学生讨论:"War is like love. It always finds a way." Do you agree? Do you think there will always be wars? If so, what should we do now?(课后练习改编)	1. 教师应引导学生始终以移情的态度体会主人公的情感和心理 2. 教师应升华人道主义情怀,从热爱祖国、热爱人类,为中华民族的复兴砥砺前行的角度,坚定职业理想和保家卫国的信念	第4课时
	学生修改演讲稿,重新提交3分钟演讲视频,并将视频在小组内进行互评,选出小组内的最佳视频,分享至班级群,并说明小组推荐意见	教师点评,将最佳视频上传到校园网进行展示	课后

三、教学评价

(一) 评价理念

教师采用文秋芳的师生合作评价(Teacher-Student Collaborative Assessment),通过组织、平衡教师评价和其他评价方式实现提升课堂评价效率,以评价促能力提升。

(二)评价方式:采用 TSCA 进行反馈

任务前:依照单元目标,教师根据本单元主要解决的问题,明确评价标准为语言逻辑性、内容充实性、思维拓展和跨文化交际中移情的运用。表面上看,评价标准仍然是语言运用和思维培养,但是实际上要想达到效果,学生必须具备正确的情感态度价值观。

(1)任务准备环节

教师引导学生用思维工具进行训练,通过学生对彼此问题和思考的引用达到互评互促的目的,教师在这个环节中只引导交流、把握方向。

(2)任务环节

学生能够通过交流完成任务过程中的问题,学会探究与质疑。在此环节,学生展示,教师引导学生互评,教师参与评价,学生修改演讲稿。授课视频展示的主要是该环节,教师的讲授和互动部分即为师生评价的融合,体现全过程育人。

(3)任务后

学生修改演讲稿,重新提交视频,并将视频在小组内进行互评,给出评价意见,教师参与评价。

四、课例思政特色

(一)育人目标定位高

笔者教授的是军校的大学英语课程,对思政育人的要求较普通高校高一些。情感态度价值观的培树,关系学生是否能坚定职业信念,将家国情怀、国际视野和人道主义情怀融入军官素养,从而在未来的国际舞台展现大国海军的形象,践行海军作为国际化军种的使命任务。

(二)语言教学全过程育人

教师应将育人融入教学环节,在教学全过程中育人,将完成语言任务本身作为育人的主渠道,将课程思政自然地融入语言输入与输出,春风化雨,润物细无声,从而发挥最大的育人效能。学生在理解课文,形成演讲稿的过程中,自然而然地端正了情感态度价值观。

(三)以跨文化教育理念进行课程育人

教师应强调跨文化比较分析,既要有家国情怀支撑下的立场站位,又要有国际视野下的人道主义情怀。大学英语课文承载着大量其他国家和地区文化的内容,教师应通过比较分析,使学生始终站在文化本位的角度去拓展国际视野,思索如何破除跨文化壁垒,达成沟通交流的目的。

(四)以思维训练进行育人

教师应以批判性思维工具引发学生的思考,使学生自发生成端正的情感态度。教师应将情感态度融入思维训练,以思维训练的方式激发学生思考,引导学生在拓展思维的过程中,以思辨的方式形成观点和态度。

（五）教师队伍应以身作则

教师应提高自身的思想政治站位,通过实践与调研,深刻理解未来岗位对学生素质和能力的要求,在课程教学过程中游刃有余地进行引导,实现高目标、全过程的思政育人设计。

第五章
思维培养目标与策略

高等教育应以思维培养为要。在信息爆炸的时代,只要掌握科学的信息检索方法,学生便可以从网络获得海量的知识和信息。教师的优势是基于学术知识体系的思维方式,这也是高等教育应该传授给学生的内容。

教育教学改革的主要内容之一是从低阶认知技能向高阶认知技能的转变。高阶思维能力的培养要求教育者摆脱传统死记硬背的教学模式,着重提高学生的辩证思考、解决问题、评价判断等方面的能力。当学生遇到不熟悉的问题并对问题产生怀疑时,高阶思维能力能够激发学生的思考机制。高阶思维能力的概念由来已久,最早起源于古希腊哲学家苏格拉底(Socrates)、柏拉图(Plato)和亚里士多德(Aristotle)。他们认为培养学生的高阶思维能力是重要的教育目标。高阶思维要摆脱传统的教育模式,从知识记忆、理解和应用转向更高层次的复杂认知机制,使学生具有自主解决问题、批判思考、创新发展的思维能力。

教师应从大学英语课程人文性特征进行分析,培养学生的人文思维。《大学英语教学指南(2020版)》指出:"大学英语的教学目标是培养人文精神和思辨能力。"人文素养、人文精神、人文情怀等说法,与其说是知识,不如说是一种思维方式。大学英语课程在培养学生语言技能的同时,要渗透人文思维的培养。人文思维的培养也是课程落实人文素质培养的途径。

第一节 人文思维培养目标

人文思维的内涵宏大而丰富,难以一言蔽之。如果要将思维培养落实到大学英语课程教学中,需要明确课程中人文思维培养的目标构成等各项要素,以确定如何具体实施。本节从人文思维的概念出发,分析人文思维的构成,阐述培养意义,分析大学英语课程的人文思维培养目标,为课程实现思维培养奠定基础。

一、人文思维概念

中国传统文化里的"人文"如《易经》所言:"刚柔交错,天文也。文明以止,人文也。观乎天文,以察时变;关乎人文,以化成天下。"谈及现代的人文思维,往往离不开与科学思维的对比。二者并不矛盾。科学思维是指人们观察事物而形成的心智活动。科学思维需要运用概念,遵循逻辑,通过分析归纳做出推论,经由实验而辨别证悟。人文思维是人们感应事物而呈现性情的心智活动。人们有所感,有所觉,有所悟,反映于生活,经由实践而彰显其价值。人文思维与科学思维都是人类理性的表现,参照康德(Kant)的说法,前者为实践理性,后者为思辨理性。

人文思维体现的思辨理性实际是一种情与理的互动。在互动中,理因情而落实,归向清明;情因理而提升,归向美善。人文思维自诞生就强调人的教化。孔子说:"德之不修,学之不讲,闻义不能徙,不善不能改,是吾忧也。"古希腊人文传统强调通过教化达到理性精神。受各种因素影响,今天的人文教育偏重知识传授,在人文思维引导方面的效果并不显著。

二、人文思维重要性

相较于科学思维的严谨性、逻辑性,人文思维具有发散性、想象性、直觉性等特点。人文思维是原创性的主要源泉,因为逻辑思维的结论就隐含在逻辑的前提中。如果前提不变,结论难有原创性。逻辑只能用来证明提出的问题,不能用来发现与开拓崭新的领域,可以深化认识,但不能领先前沿。

科学思维针对客观事物,人文思维针对精神世界;科学教人求真,人文教人向善。在精神境界与物质世界中,二者合二为一。缺少人文精神的科学创造缺少人性与灵性,要么缺少原创性,要么不辨善恶。在"四新"建设背景下,要培养适应各行各业的创新人才,人文思维的培养不可或缺。大学英语课程应充分发挥人文性特征,将人文思维培养融入课程教学改革,支撑各领域的人才培养建设。

三、人文思维构成

人文思维属于高层次思维能力，是个宏大的概念，涵盖多种人文学科思维。基于中西文化对人文学科的认识，人文思维可以概括为以下三个构成要素：人文精神、批判性思维、美学思维。

从价值导向上说，教师要以人为本，强调人文精神，注重人文关怀。高等教育要立德树人，"树人"即塑造高尚的人格，高尚的人格是教育的结果。一个具有高深专业知识和技能的人需要人文精神的支撑，达到科学造诣和人文修养的圆融统一。达成以人为本的思维方式，并非朝夕之功，需要人文学科的教育和塑造。教师应引导学生通过人文学科尤其是文史哲知识的学习，体会古今中外的人文学者的思考方式，通过人文知识、伦理和情感的渗透，将以人为本的人文关怀作为泛专业学习的出发点和落脚点。

从思维工具上说，教师应引导学生以批判性思维实现人文性思辨，达成价值判断，内化对于价值取向的认识。批判性思维（Critical Thinking）也被译为思辨，不少学者认为思辨包括理性思辨和人文思辨两类。人文思辨是对事物辩证的解释和说服性的分析、鉴别、评估的论证，其最显著的特点在于目标。人文性思辨的最终目标不是为了证明或确证一个科学的定理，而是为了鉴别和选择一个最佳价值理念或行动准则。

从思维过程来说，教师应引导学生以美学思维达到审美标准。美学艺术思维是对现象和本质进行双重加工，加工的重点在感性形式上,遵循的是个性的情感逻辑。前者用共性概括个性,后者用个性显示共性;前者是自然作用于人的精神,后者是人的精神作用于自然。艺术思维特有的双重加工使得感性形式和理性内容均发生了变化,从而形成新的审美形象的统一,结果是新的艺术形象、艺术品的诞生。

四、人文思维的人才培养意义

(一)立德树人,实现价值观培树的需求

人文思维重育人,人文精神培树的目的是培养学生的人文情怀与人文关怀,以提升其伦理道德、心性精神和价值观念等。对人文思维的强调实际上是对我国过去从苏联横移过来的、绵延数十年的"学好数理化,走遍天下都不怕"的理工科偏好的一种纠正,强调的是学生的人文素养,特别是判断力、伦理道德与价值观念的培养与提升。这些价值取向观念的培树正是立德树人的育人根本。

(二)健全人格,强化社会责任感的途径

人文所追求的目标或所要解决的问题是,满足精神世界的需求,满足个人与社会需要的终极关怀,是求善。求善是在求真基础上实现的,人文思维训练是通过求真达成求善的过程。人文思维训练的目的不是为了求得唯一的正确答案,而是为了鉴别最佳价值理念。教师应通过人文思维的训练,引导学生独立思考,反思个人与社会,形成个人认识和观点,从而有效实现价值观培树。

所谓天人合一,人文追求"人道",面向社会时追求不违背客观规律、不违背人际和谐。人文思维关注人的心理、人的需求、客观发展世界规律、社会发展需求。人类从野蛮的洪荒时代发展到今天的文明社会,正是通过人文思维适应客观世界,改造客观世界,构建人与世界的和谐关系。教师训练学生的人文思维,能够健全学生的人格,立德树人,培养适应时代发展的人才。强化学生的社会责任感,是实现为国育才的有效途径之一。

(三) 创新思维,跨越学科栅栏的工具

从高中阶段的文理分科到大学的分专业,再到研究生阶段在某个专业领域精研,学生的专业知识深度逐渐提升,但是学习方向越来越聚焦,视野逐渐变窄。跨越学科界线"求真知、储善意、悟美感"是教育自身的价值取向。教师应以人文思维跨越学科鸿沟,引导学生从全面视角看问题,启迪学生的人生智慧。

科学思维是追求亘古不变的真理、追求正确答案,正确答案藏在前提条件中、藏在客观世界中。人文思维在构建人与世界的关系中寻求合理的价值,正是解放思想的有力武器。历史表明,人文思维突破引领人文创新,从而对科技创新产生影响,为科技创新活跃提供思想武器和精神动力。对人性的深刻理解、对历史的反思、对过程的思辨和对结果的预测将在紧急情况下成为创新和决策的依据,在上述过程中,人文思维的发散性、思辨性、预见性和创造性将起关键性作用。

第二节 人文思维培养策略

通常意义上的思维,涉及所有认知或智力活动,探索与发现事物内部的本质联系和规律性,是认识过程的高级阶段。按照信息论的观点,思维是对新输入信息与脑内储存知识经验进行一系列复杂的心智操作过程。可以说,思维就是运用大脑来掌握和解决面临的客观现实生活中的问题,所以思维本身既是一种认识活动,又是一种实践活动。

因此,培养思维的路径,既有对客观世界认识的改变,也有对客观问题的解决,既包括对相关知识的学习,又包括对思维的训练。

一、探讨人文知识,传递人文学科思维

大学英语虽然教授的是英语技能,但是其学习内容承载着大量的人文社科内容。教师应以内容为牵引,引导学生把握人文学科的思维,包括文学思维、历史思维、哲学思维、艺术思维等。

文学思维是融形象思维与抽象思维于一体的综合性创新思维。形象思维侧重作品内容上的生动丰满,抽象思维侧重主题思想的深刻鲜明。文学叙事的创作过程既是形象思维的过程,又是抽象思维的过程。文学思维具有以下三个特点:一是直观性,即通过大脑思维直接认识客观事物的属性,并通过审美意识得到升华;二是连续性,即沿着叙事的情感发生变化,因叙事者不同而具有不同的表现形式;三是概括

性,即创作者将观察体验进行综合抽象,把个别性归纳为一般性,借助文学表现手法反映出理性思考。

历史思维是一种对历史规律的把握和对今后发展趋势的敏锐。历史包含许多对国家、社会、民族及个人成与败、兴与衰、安与危、正与邪、荣与辱、义与利、廉与贪等的思考。历史发展有其规律。把握住历史发展趋势,抓住历史变革时机,人类社会就能更好地前进。因此,教师应引导学生重视历史,注重研究历史、借鉴历史。

哲学思维具有以下特征:一是辩证地、一分为二地看待事物;二是具有批判性反思的特点,不盲从;三是具有实践性,强调认识源于实践;四是强调理性思维,具有抽象性、概括性和逻辑性。

艺术思维指在创作活动中,想象与联想、灵感与直觉、理智与情感、意识与无意识、形象思维与抽象思维经过复杂的辩证关系构成的思维方式。艺术思维最大的特点是想象性,而想象是创新源泉。艺术思维的想象在于创作者要基于个体情感逻辑,对想象和本质的双重内容进行加工,使感性和理性的形式内容均发生变化。

二、训练人文思辨,提升批判性思维

教师应将批判性思维训练的方式引入大学英语教学。

首先,教师应帮助学生理解批判性思维的标准:清晰性、准确性、精确性、相关性、深度、广度、逻辑性、重要性、公正性,以及以上标准的内涵;教师应引导学生探究自己的思维,理解意图、问题、信息、推理、观念、假设、暗示和角度等思维要素。

其次,教师应设计融入批判性思维训练的语言任务,引导学生参照上述标准和思维方式进行语言实践,从而以语言训练实现思辨训练。

再次,教师应以大学英语教学的语篇内容为思辨素材,指导学生进行思辨式阅读写作或者拓展思辨性话题,引导学生演讲、辩论、研讨、完成项目等。在完成上述任务的过程中,教师应引导学生使用思辨工具:产生目的、提出问题、使用信息、使用概念、做出推论、做出假设、产生结果和意义、体现观念,如图 5.1 所示。

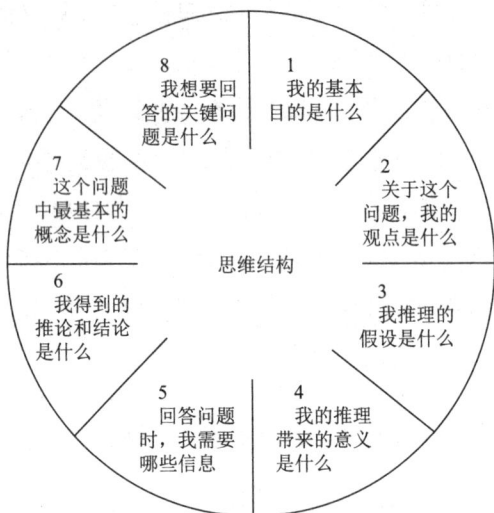

图 5.1　批判性思维工具

三、传导人文感性,达成美学思维

美学思维是通过感官来感知美,把感性提升到理性同等重要的程度。美学思维的视角是适应世界,通过纯粹的、非功利的追求和创造和谐的状态,以天真、公正的态度感知世界,保持对世界的兴趣和敏锐。

中国古典美学思维具有整体思维、中和思维和类比思维,在大千世界错综复杂的关系网中确认事物美的价值,重整体结构而非个别元素,重相互关系而非个体实存。中国古典美学带有非概念、非逻辑的色彩,注重把握事物内在的关联和有机性。对于大学英语课程的教学对象,尤其是理工科学生来说,这种对于人文之美的追求、精神世界的直觉与领悟的思维有助于实现创新思维。

第三节　思维培养教学课例

一、教学课例:人文思维培养融入语篇阅读

教师将以《新标准大学英语(第二版)综合教程2》的第4单元 Crime Watch 为例,展示如何将人文思维培养融入语篇教学。

(一) 教学目标

1. 语言目标

学生能够运用本单元所学单词和表达方式;能够以思辨性阅读工具进行深度阅读;能够在口语任务中通过不同视角进行拓展,达成口语输出的充实性和贴切性。

2. 思维目标

学生能够运用思维要素(目的、推论、观点、假设等)进行语篇分析;具备主动阅读的态度,能够对阅读语料进行探究和拓展。

3. 态度目标

学生能够从跨文化差异中寻找对人类共通性的理解,理解关于友情、正义与责任;能够强化法律意识,崇尚法治、尊重法律,拒绝网赌、网贷;能够强化保密意识,认识到加强网络信息安全的重要性。

(二)单元教学过程

1. 单元教学主要内容

两篇课文分别是"After Twenty Years"和"Stolen Identity"。第一篇课文是美国作家欧·亨利(O. Henry)的短篇小说,内容是一对好友为履行20年前的承诺相约见面。小说设计精巧,文中处处伏笔,结局出人意料。第二篇课文是关于身份窃取的不法行为,具有较强的现实意义。

2. 课时分配

第一篇课文安排2.5课时,第二篇课文安排1.5课时。教师用4课时完成本单元教学。

3. 设计理念与思路

教师应采用任务教学法。本单元侧重阅读,教师以欧·亨利的小说进行思辨性阅读训练,具体方式如下。

(1)解读关键句,理解语篇本身

(2)引申解读语篇

引申解读语篇包括总结段意、解读文本、联系实际举例，以各种方式将原有知识与阅读内容联系，从而建构新信息。

（3）分析推理

教师以 8 个思维推理的要素来分析文章，不需要全部分析，可以根据文章特点进行选择。8 个思维要素如下：purpose、point of view、assumptions、implications、information、inferences、concepts、question。

（4）以批判性思维的标准评价语篇是否达成有效交际（不是本讲重点内容，未体现）

（5）角色扮演，对作者对话

本单元的阅读教学部分是课程组推进大学英语教学思维培养改革的重点尝试：教师将批判性思维工具融入语言实践训练，能够促进学生语言能力和思辨能力的提升。

（三）教学组织流程

教师应采用任务式教学法的模式，着重对思维培养部分进行设计。本课例旨在以深度阅读实现思维训练。

表 5.1　大学英语思维培养教学流程

环节	学生运用语言并完成任务	教师引导、指导、协助、评价	时间安排
课前	1. 学生学习 Unipus 平台上的课件资源，完成自编学习手册预习部分内容；将语法、词汇、篇章结构等基本知识的问题发至学习平台 2. 学生通过互联网搜集资源，学习背景资料	1. 教师根据学生预习问题设计课上精讲内容	课前学习 3 小时左右

环节	学生运用语言并完成任务	教师引导、指导、协助、评价	时间安排
	3. 学习教师下发讲义《如何进行思辨性阅读》,尝试以思辨工具分析小说 4. 准备课文中的情景表演	2. 教师根据《思想者指南系列丛书——如何进行思辨性阅读》给出思辨性阅读工具的框架,并形成讲义,对深度阅读方式进行解读	
任务前	学生领受任务: 录制电视节目:学生与剧中角色进行对话,内容关于人生选择、友情与责任等(3~4人为1组,4个角色:学生本人、来自西部的通缉犯 Bob、警察 Jimmy、欧·亨利) (本讲任务设计基于思辨性阅读,学生应在充分理解语篇基础上,实现深度阅读和口语表达的充实性)	教师布置任务,明确评价标准	第1课时
	课文学习,重现课文场景: 1. 学生能够理解课文中的语言难点,掌握重点表达方式 2. 2组舞台剧表演:学生能够再现小说场景、人物、语言(可以带课本读,但是要体现人物性格和情绪)	1. 教师根据预习中的问题精讲课文 2. 教师在点评舞台剧表演的同时,帮助学生体验人物心理,追溯人生经历	
	讨论并拓展思维: 1. 学生应运用 paraphrasing、explicating、analyzing、evaluation 和 role-play 的思辨性阅读工具分析语篇	1. 教师引导学生运用阅读工具进行语篇分析,根据文章特点将重点放在 analyzing 上	第2课时展示环节

环节	学生运用语言并完成任务	教师引导、指导、协助、评价	时间安排
	2. 学生应主动运用思辨性阅读的思维工具 3. 学生应形成初步语言输出,对小说角色或欧·亨利说一段话	2. 教师引导学生端正人生态度,重视友情、责任,理解小说的人文性特征	
任务中	录制电视节目:学生与剧中角色进行对话,关于人生选择、友情与责任等(3~4人为1组,4个角色:学生本人、来自西部的通缉犯Bob、警察Jimmy、欧·亨利);视频发给教师	答疑解惑:教师挑选1~2段视频,依据角色选择,为课堂表演提供背景	课后
	1. 教师进行课堂展示 2. 学生进一步拓展课堂讨论	教师点评与角色的对话,引导学生以移情的态度体会主人公的情感和心理,同时又从情感与理性的角度分析角色的选择,进而引入关于人生选择的话题	第3课时
任务后	泛读与讨论: 1. 学生应以泛读训练的方式,学习第二篇课文"Stolen Identity",把握关键信息,联系网络安全实际问题 2. 学生讨论:"What are the risks of cyber crimes nowadays?"(以事例说明,并讨论解决措施)	1. 教师引导学生强化法律意识,崇尚法治,尊重法律,拒绝网赌、网贷等 2. 教师强化保密意识,让学生认识到加强网络信息安全的重要性	第4课时

续表

环节	学生运用语言并完成任务	教师引导、指导、协助、评价	时间安排
	学生能够以思辨性阅读框架中8个思维要素分析 Unit 5 Active Reading（1）	学生在互联网平台上相互交流对于思辨性阅读的分析；教师梳理问题，设计下个单元的教学流程	课后

（四）单元教学评价

1. 评价理念

教师采用文秋芳的师生合作评价，通过组织、平衡教师评价和其他评价方式实现提升课堂评价效率，以评价促能力提升。

2. 评价方式：采用 TSCA 进行反馈

任务前：依照单元目标，教师根据本单元主要解决的问题明确评价标准为深度阅读体现出的思维探究性、语言逻辑性、内容充实性。表面上看，评价标准虽聚焦于思维和语言，但实际上学生如要达到上述目标，必须具备正确的情感态度价值观。

（1）任务准备环节

教师引导学生用思维工具进行阅读训练，通过学生对彼此问题和思考的引用达到互评互促的目的，教师在这个环节中引导交流、把握方向。

（2）任务环节

学生能够通过交流完成任务过程中的问题，学会探究与质疑。在此环节,学生展示,教师引导学生互评,教师参与评价。授课视频展示的主要是该环节,教师的讲授和互动部分即为师生评价的融合,体现全过程育人。

（3）任务后

学生对新课文进行思辨式分析,小组互评并给出评价意见,教师参与评价。

（五）人文思维培养融入教学的策略

第一,教师以大学英语教学的语篇内容作为思辨的素材,从中指导学生进行思辨式阅读,拓展思辨性话题,引导学生演讲、讨论、完成视频任务等。在完成上述任务的过程中,教师引导学生使用思辨工具:产生目的、提出问题、领会立场、使用信息、使用概念、做出推论、做出假设、产生结果和意义,从而帮助学生形成主动阅读、深度获取语篇内容、积极建构信息的能力。

第二,教师在思辨式的语言训练中提升学生的思维能力,包括学会批判性思维的标准、模式和方法,以及提升学生的人文思维。目的:在人才培养方面,立德树人,实现价值观培树;在学生成长方面,健全人格,强化社会责任感;在专业课学习方面,创新思维,跨越学科桎梏。

二、教学课例:人文思维培养融入 Academic Presentation

借鉴项目式教学法,形成性评价要求学生分组根据单元话题完成 Academic Presentation,作为训练人文思维的一部分。无论是哪本大学英语教材,话题大多包括家庭、社会、校园文化、教育、运动、休闲娱乐、历史文化、文学、饮食等方面人文社科内容。教师要求学生完成 Academic Presentation,实际上是完成一次社科研究项目。教师应针对现实问题,将问题分为价值类问题和措施类问题,寻求价值态度或者解决措施。要求步骤如下:

(1)发现问题

学生根据所给话题,聚焦选取焦点问题,以小见大。

(2)追溯原因

学生能够从社会角度追溯现实原因,从人文社科角度追溯理论原理。

(3)对比分析

一是从社会历史发展角度进行对比分析,分析问题的发展;二是跨文化比较,分析问题诞生的社会文化背景。对比分析既是为了追根溯源,也是为了培养历史思维和跨文化意识。

(四)形成价值取向,寻找解决措施

对于价值类问题而言,学生通过追根溯源找到问题存在的合理性或不合理性,从而形成价值态度倾向,如有可能,可以寻找解决措施。对于措施类问题,学生可以直接寻找解决措施。

(五)评估结果

一是评估价值取向是否合理;二是评估解决措施是否有效。

上述步骤完成了一次探究式项目，学生完整体验了一次社科研究项目，训练了思辨过程，接触了不同的学科思维。

以话题"运动"为例，Academic Presentation 内容提纲如下：

第一，学生以 2020 年滑翔伞姑娘翼装飞行事故为牵引，选取"极限运动的流行"为焦点问题。

第二，极限运动流行的原因是社会竞争压力大、生活空间狭小，致使部分人追求刺激；从心理学角度追溯到马斯洛需求，在生理、安全、情感、尊重四层满足基础上，人们追求自我实现。

第三，极限运动起源于欧美国家，在我国的发展暂时不如西方国家。从技术层面来说，我国缺乏专业的系统训练模式和安全措施；从文化层面来说，中西文化和思维存在差异，我国人民更追求和谐而非刺激；从产业层面来说，我国尚未形成市场。

第四，有关部门应创造条件，发展专业的极限运动，完善安全措施。

第五，对于极限运动爱好者来说，极限运动是身体跟心理的博弈，极限运动爱好者在不断攀爬的过程中挑战自我、战胜自我。

第六章
专门用途英语教学策略

专门用途英语兴起于20世纪60年代后期,可指与某种特定职业、学科或目的相关的英语,也可指根据学习者的特定目的和特定需要而开设的英语课程。根据《大学英语教学指南(2020版)》,"专门用途英语课程以英语使用领域为指向,以增强学生运用英语进行学术交流、从事专业工作的能力,提升学生学术和职业素养为目的,具体包括学术英语(通用学术英语、专门学术英语)和职业英语两类课程"。除学术英语外,专门用途英语与专业或职业结合,构成商务英语、科技英语、医学英语、军事英语等,具有较强的应用指向,凸显英语教学的工具性。

从英语的工具性来说,专门用途英语是非英语专业学生在未来职业中实际应用的英语。"四新"建设背景下,大学英语课程要主动融入各专业人才培养,为学生未来的专业或职业发展奠定基础。同时,《大学英语教学指南(2020版)》指出,大学英语课程应服务于学校办学目标、院系人才培养目标和学生个性化发展需求。为满足专业学习和职业发展的实际需求,大学英语课程应遵循以学为中心的理念,有着趋向专门用途英语教学发展的趋势。但是在不少英语教学比赛和学生比赛中，教师普遍的着力点整体来说仍然是以大学英语课程为主，以专门用途英语为辅。因此，应该加强专门用途英语方面的研究和探索。本章分析了专门用途英语的发展、存在问题和解决策略。

第一节　专门用途英语教学发展与现状

一、专门用途英语教学实践发展

20 世纪 60 年代，英语在国际政治、经济、贸易、科技、文化交流等方面发挥重要作用，赋予了英语学习很强的目的性和工具性。1964 年，英国当代语言学家、系统功能语言学的创始人韩礼德、语言学家麦金托（McIntosh）和现代应用语言学家斯特雷文斯（Strevens）合著《语言学及语言教学》，首次提出了"专门用途英语"这一概念。"专门用途英语是公务员的英语、警察的英语、法官的英语、药剂师和护士的英语、农业专家的英语、工程师及装配工的英语。"从那时起，在国际形势、科技、语言学理论和教育学理论发展的背景下，英语学习从单纯的研究语言、学习词汇、掌握语法转向提高语言交际能力，以应对职业发展需要。

20 世纪 70 年代末，专门用途英语教学理念传入我国，部分理工科院校按照专门用途英语教学理念成立了科技外语系，尝试结合学生的专业进行英语教学。于是，出现了"机械英语""电工英语""工程师英语"等专门用途英语课程。到20世纪80年代初期,专门用途英语教学在国内很多高校呈现出欣欣向荣的景象,但是由于各种原因,通用英语教学仍然是主流,专门用途英语课程经过最初繁荣后热度递减。21世纪以来,随着大学英语教学改革的不断深入和大学生英语水平的逐步提高,加之专门用途英语有着明确的教学目的和显著的教学效果,专门用途英语教学受到了国内专家学者的广泛关注。

二、专门用途英语教学理念发展

从教学理念和教学方法来说,专门用途英语教学经历了五个发展阶段。

(一) 语域分析阶段

20世纪60年代末70年代初,语境、语体、语域等语言学研究成果为这个阶段奠定了理论基础。"语域"的概念最早由韩礼德提出,指"一个特定群体所使用的特殊语言变体"。该群体有共同的职业或相同的偏好,如工程师、商人,因而有其特殊的语言变体,如科技英语、商务英语,变体体现在语言材料上。基于此理论的专门用途英语教学涉及不同语域,不同语域的词汇语法会产生变化,因此,教师应将教学重点放在词汇和语法点讲解上。语域分析法对于专门用途英语教学的开展具有重要的教学意义,旨在帮助学生在专业或职业需求的基础上学习英语。但是,由于该方法建立在传统语法翻译法教学基础上,忽视了语言的交际功能,无法帮助学生有效提升运用专门用途英语的交际能力。

（二）语篇分析阶段

1972 年，塞林克（Selinker）和特林布（Trimble）合著《语法与技术英语》，标志着专门用途英语进入语篇分析阶段。这个阶段的理论基础是语篇分析理论，教学超越词汇和语法，更加注重篇章，研究描写、论证和说明等。比起语域分析，语篇分析的优点是能够帮助学生运用语篇分析的策略理解文本，理解如何表达和说明；能够从语篇分析角度，比较有效地提升学生专门用途英语的阅读能力。但这一阶段的教学重点是说明句子如何组成篇章，这种单纯分析语篇的教学方式不能满足学生发表学术论文或用英语在特定情景下实现流利交流的需求。学生要想在自己专业领域内自如交流、娴熟地运用英语，需要通过个人自学并付出极大努力。

（三）目标情景分析阶段

1980 年，钱伯斯（Chambers）提出"目标情景分析"这一术语，标志着专门用途英语教学迈入质的飞跃时代。该阶段的理论基础是交际法理论，教师分析学生将来使用英语的情景和这些情景下的交际内容、方式、途径等以及语言的特点和技能，并基于此制定学习目标，注重学以致用。教师践行交际法理论，模拟情景，以语言交际为过程，以语言交际为目的，注重语言应用能力的生成，有效地解决了前两个阶段的缺陷。但是，目标情景分析和语篇分析不同，目标情景需求是动态的，需要持续把握，对教师提出了较高要求，即教师需要动态把握学生未来使用专门用途英语的交际目的、情景等,否则基于情景模拟建立的学习过程无法达成预期效果。这就是目前有的高校中专门用途英语由具有留学经历的专业课教师而非英语教师授课的原因。实际上,对于多数英语专业毕业、缺少其他专业知识的大学英语教师而言,要想充分把握学生使用专门用途英语的目标情景并不容易。

(四)技能和策略培养阶段

在目标情景分析教学的基础上,教师应在专门用途英语教学的下个阶段注重从语言运用的表层走向思维过程。无论在哪个专门用途语域,语言运用都具有相同的思维和解释过程。基于相同的思维过程,教师应将教学重点放在意义的产生和发现上,并在教学实践方面侧重阅读和写作的策略训练。从具有共通性的思维角度,学习不同语域的专门用途英语,较前三个阶段有了新的发展,但也有局限性,主要集中在对阅读技巧的研究和探讨上。

(五)以学习为中心阶段

在前两个阶段的专门用途英语教学中,教师更为注重语言的表层结构特点;在第三个阶段,教师将语言与交际情景结合;在第四个阶段,教师注重使用语言的思维过程。专门用途英语与通用英语的最大区别体现在术语词汇、语篇特点、目标情景等方面,专门用途英语还强调学习方法和效率。哈钦森(Hutchinson)和沃特斯(Waters)在1987年提出"以学习为中心"(Learning-Centered)的概念,强调教学的针对性。他们不仅关注语言本身,更加关注学习者的条件,将学习者的学习过程和动机纳入整个教学过程,对于提高教学效果有深远意义。

从以上五个发展阶段来看,专门用途英语教学的发展和英语教学理论的发展密切相关。

三、专门用途英语教学存在的问题

在改革与发展中,专门用途英语在课程设置、目标与内容设定、教学策略和方法以及师资建设方面存在如下问题。

(一)课程设置缺乏衔接性

专门用途英语是与学生未来学术研究和职业发展密切相关的语言应用课程,但是国内许多高校在英语课程体系建设方面虽然注重突出大学英语、跨文化交际和专门用途英语三类课程的全面性,却未深入研究课程间的关系,并未有机地构建课程体系建设。在专门用途英语课程设置方面,除了有的专业开设学术英语外,大部分高校往往鼓励教师根据学生需求和个人兴趣开设专业或职业类的专门用途英语选修课。课程设置的主要路径是将专门用途英语作为大学英语的拓展延伸课程,结合校本特色建设为选修课程,如"涉海英语""商务英语""法律英语"。但是,这样的课程设置在具体教学和研究层面缺乏衔接性。

第一,专门用途英语与前置课程通用大学英语在知识和技能方面衔接不足。

第二,专门用途英语与学生未来专业和职业目标情景使用衔接不足。

（二）目标和内容缺乏指向性

专门用途英语教学中会出现目标规格不清晰的问题。教师在设定目标的过程中，会存在疑问或者混淆：是以讲清专业知识为目标，还是以熟练运用英语技能为目标，抑或以在专业场景中学习并应用英语为目标。长期承担专门用途英语教学的教师经常会在教学中有此疑问，在课程或课次的目标设定中难以分清主次。还可能出现如下的情况：即使教师自认为他们在教学中始终以语言为目标，但在教学实践中，他们往往专注于对专业内容的讲解。

目标设定不清晰，内容必然会缺乏指向性。专门用途英语教材良莠不齐，有的教材存在缺乏系统性、科学性、实践性、真实性等问题。如果教材编写者缺乏在专业或职业领域应用英语的实践经验，会出现选取的内容与实际使用脱节的情况。这些问题会进一步加重教学内容缺乏指向性的问题。

专门用途英语的教学目标一定要与实际的目标情景相联系，教师应帮助学生提升他们在专业或职业领域的语言应用能力。在目标设定方面，教师应以专业或职业领域内的语言应用能力为核心，根据目标情景设计教学内容，目标是提升学生的交际能力。

（三）教学策略和方法缺乏实践性

专门用途英语研究专家哈钦森和沃特斯提出："专门用途英语是指与某种特定职业或学科相关的英语，是根据学习者的特定目的和特定需要而开设的英语课程。"专门用途英语作为一种语言教学方法，其教学内容和教学手段都取决于学习者的目的。

通用大学英语教学承载着大量的人文社科内容,教师引领学生学习语言和文化,提升学生的跨文化交际能力,培养学生的家国情怀,拓宽学生的国际视野。专门用途英语有明确的使用目的、鲜明的工具性特征,也就具有了显著的实践性特征。但是,在目前的专门用途英语教学中,教师大多采用与通用英语课程相差无几的教学方法,即使采用了任务驱动、产出导向这样语言实践特点的方法,他们在实际教学中却并没有与语言运用的目标情景相结合,缺乏实践性。

(四)师资建设缺乏专业性

专门用途英语教学之所以存在上述三个问题,一个重要的原因就是双师型师资力量的匮乏。一种传统观点认为,双师型教师的要求针对职高独有,大学教师应该是学术型学者,而非应用型。但是时代在发展,高校肩负着为国育才的重要使命,大学英语教学培养的"才"几年后将被送往各行各业。专门用途英语与学生专业密切相关,专业是学科与社会职业岗位需求的结合点或交叉点。教师需要了解非英语专业学生的学科和社会职业岗位。

第二节 专门用途英语教学策略

在"四新"建设背景下,高校需要为各行各业培养优秀人才,专门用途英语势必成为大学英语教学的发展趋势。而且,从英语的工具性特点来说,专门用途英语是大学英语教学的最重要环节,直接指向学生未来的专业学习能力和岗位工作能力。为了解决上节分析的专门用途英语建设的四个问题,本节从课程体系设置、目标内容设定、教学方法改革和教师队伍建设方面逐一进行分析,探索解决策略。

一、统筹规划英语课程体系设置

通用英语教学和专门用途英语教学本质上都是语言教学,目的都是提升学生的英语应用能力,二者虽然在学习目标、学习内容、重点、难点和教学方式上有明显差异,但同时又有紧密的联系。

从学习阶段来说,通用英语设置在专门用途英语之前,有着为后者学习奠定英语应用能力基础的作用。从语境语域来说,专门用途英语的目标场景虽然有别于通用的跨文化交际场景,但是属于后者,并具备后者的跨文化特征,只是更加聚焦。从学习目标和内容来说,通用英语阶段的社科类语言话题和通用类跨文化情景为学生提升人文思维、批判性思维,开拓国际视野,为学生未来到专业或职业场景中从事跨文化交际形成了必备的跨文化意识。从教学方法来说,通用英语教学近年来普遍采用任务教学法、产出导向法等致力于提升学生语言交际能力的方法。专门用途英语也具备这个趋势,与通用英语教学方法的发展趋势基本一致。从师资力量来说,尽管少数高校采用了由专业课教师讲授专门用途英语的做法,但是多数高校仍然由通用英语教师从事专门用途英语教学。综上所述,专门用途英语课程设置、课程建设、课程教学都应该与通用英语建立联系,统筹规划。各高校应按照衔接性、真实性、有效性原则,统筹规划高校英语课程体系的设置。

首先,教师应遵循真实性原则,以多样化方式把握学生未来专业和职业需求,根据需求设置专门用途英语的课程;然后,应把握有效性原则,根据相关的专门用途英语特点和指向确定通用英语阶段的学习重点,以通用英语阶段的学习为专门用途英语学习奠定基础。

目前,在通用英语教学阶段,往往是教师根据个人所长选择教学重点,并采取合适的教学方式,如擅长学术写作的教师注重对学生的写作能力进行培养,擅长演讲的教师以培养学生的听说能力为主线。这样做不违背英语学习规律,能够发挥教师的特长,而且英语应用能力本来就是综合能力,各种技能彼此联系。但是,缺乏衔接容易造成通用英语学习与后期专门用途英语学习各自为政,会割裂学习阶段的联系,增加学生从通用英语转入专门用途英语学习的难度,不能高效发挥通用英语学习对专门用途英语学习的支撑作用。

充分考虑通用英语与专门用途英语的衔接性,根据专业或未来职业设置学生的英语课程,能够提升教学效果。通用英语和专门用途英语是学生在大学期间学习英语的两个不同阶段,侧重点不同。前期为通用英语学习阶段,侧重语言本身;后续为专门用途英语学习阶段,侧重表达的内容。教师应考虑课程间的衔接性,确保每个学习阶段的内容贴近学生的水平、满足学生的需求,能够保证教学发挥最佳效果。

二、优化教学目标和内容设计

随着英语被广泛地应用于科学技术、外交、传播媒介、贸易、金融、工业、国际援助及行政管理，其工具性特色更加鲜明。随着文化目标向工具目标的转变，英语教学的基础从文学文化向语言技能转变。对于非英语专业的学生来说，学习英语有助于培养他们的专业素养，提升其专业水平，了解专业前沿知识，在专业领域与国际同行进行合作交流。所以大学英语教学的首要目标就是培养学生在自己的专业领域使用英语的能力，而实现这一目标的最佳途径就是大学英语的教学目标和内容实现从通用英语转向专门用途英语。

英国应用语言学家斯特雷文斯于1985年在斯里兰卡专门用途英语国际研讨会上指出："专门用途英语有四个根本特征和两个可变特征。四个根本特征：需求上，课程设置必须满足学习者的特定需求；内容上，与特定学科或职业相联系；语言上，适合相关专业或职业的句法、词汇和语篇；与通用英语形成对照。两个可变特征：可以只限于某一种语言技能的培养，如阅读技能或口语交际技能；可以根据任何一种教学法进行教学。"

通用英语以学会英语知识、掌握英语技能为目标，即掌握英语语言共核，教学内容为英语的语音、词汇、语法和语篇知识。通用英语是适用所有职业和场合的通用语言，不考虑学习者目前的专业与将来从事的职业，其目的是培养学生英语语言的基本功，即听、说、读、写、译的能力。专门用途英语则是根据学习者的特定目的或特定需求而开设的英语课程，将特定目标场景应用、专门的跨文化交际场合和专业知识学习与语言技能训练结合起来,教学内容注重专门用途英语的词汇特点、语法特点、修辞特点,具有较强的针对性和实用性,其目标是使学生理解专门用途英语知识,培养学生在专业或职业领域的英语应用能力,提升学生的学术英语水平,提升学生在特定跨文化交际情景下用英语沟通协商、解决冲突的能力。

三、推动专门用途英语实践式教学方法改革

专门用途英语教学是指有明确实用目的的英语教学,这种目的和职业要求紧密相连。要实现专门用途英语的工具性,教学方法显然应该与突出工具性和人文性并重的通用英语教学有所区别。在教学模式与方法改革方面,教师要突出语言技能的应用,以交际法教学理念,将交际作为学习过程,将交际作为学习目的,突出语言实践。具体策略如下。

一是教师要设置科学合理的实践型教学内容,培养学生的英语实用能力。在把握目标情景需求的情况下,以模拟情景或真实情景编写教材、设计教学目标和内容、构建课堂语言任务,将教学过程转变为语言应用过程,以合情合理的课堂语言交际直接提升学生的英语应用能力。

二是教师要积极探索实践式教学方式,提高学生的专业能力或职业能力。教师要根据学生未来专业或职业需求,设计专门用途英语语言实践方式;以调研、问卷等方式动态跟踪学生的未来专业或未来行业,分析学生学习专门用途英语的功能和目的,结合跨文化交际情景、使用英语的目的、语言

技能侧重等，设计英语课程中语言实践的方式；结合教学条件建设，进行真实情景或 VR 虚拟情景的模拟。

三是教师要完善实践式专门用途教学评价模式，促进学生的个性发展。我国学生接受通用英语教学年限较长，高考前的英语学习模式多为应试导向，在一定程度上固化了学生的英语学习方式和考核方式。要促进专门用途英语的实践式学习，教师需要以匹配的考核评价方式作为重要牵引。在评价中，教师应充分融入目标情景设置，以语言技能考核为重点，融入解决跨文化问题能力的考核。目的是使培养出来的学生能够胜任用英语从事自己未来的专业学习或行业工作。

四是教师要加强校内外英语实践培训，提升学生的职业素养。教师应将学生使用英语的实践式教学拓展到课堂之外，在课堂上设计情景化的专门用途英语应用方式，在课堂外探索和拓展学生应用专门用途英语的渠道，如举办模拟国际学术会议、模拟跨文化交际情景、推荐学生参与相关实习，将教学从校内拓展到校外，与学生的职业素养联系，设计英语应用，提升学生在目标情景下的英语综合能力。

四、加强专门用途英语的复合型教师队伍建设

要实现专门用途英语教学目标情景的把握、教材的编写、教学目标的设定、教学内容的设计、方法手段的改革，均需依托专业的教师队伍。专门用途英语教师具有跨学科、跨专业的复杂性，需要形成专门的教师队伍建设机制。

第一，专门用途英语教师需要了解目标场景，理解英语在专门用途的应用内容、技能偏重、跨文化冲突、行为方式等。因此，教师不仅需要学习专业知识，也需要获取使用专门用途英语的实践经验。学习专门用途英语相关的专业知识主要通过自主学习、集体备课、学习相关课程、参加专门用途英语教学培训等具体方式实现。这些方式看似不难实现，但是实际面临各种阻力。高校专门用途英语大多由通用英语教师承担。他们承担课时量大，忙于备课、考核评价、教研活动等，很难跟专业课教师进行全过程学习。同时，受专业所限，学习专门用途英语相关的专业难度大、兴趣不足、焦虑度高等均会阻碍通用英语教师在专门用途英语中的自主学习，使教学回归传统通用英语教学的设计、侧重、方法和评价。

较好的解决方式是与专业系合作，进行校本培训，根据课程整体规划，由学校发起组织，目的是满足教师个体的工作需要。这种方式具有如下优势：因材施教、资源可获得、时空的灵活性、教学研一体化。专门用途英语的校本培训本质上是实现英语教师与专业系教师的合作学习。在此过程中，英语教师获得了专业知识，在交流中了解语言应用的情景，与专业系教师建立了联系，了解了学生的专业及其未来职业，激发了自身对相关专业的兴趣，能够促进专门用途英语的教学，在教学的有效性提升过程中进一步激发对专门用途英语的兴趣和专注度，形成良性循环。

第二，专门用途英语教师需要动态把握教学需求，加强与目标场景中的语言使用者的沟通交流，加深对专门用途英语的理解,动态把握教学需求。除了与专业系教师交流外,他们还可以跟踪毕业学生情况,调研毕业学生所在工作环境,针对语言英语场景、毕业生英语能力缺项、未来工作对于学生的语言能力要求进行调研,根据反馈调整教学设计,提升专门用途英语教学的针对性。

教师需要树立终身学习的观念,配合教学需求,提升自我培养的意识,主动克服专业壁垒,积极推动专门用途英语教学的发展。大学英语只有为学生的专业学习和职业发展服务,结合学生的个体需要开展教学,学生才会有积极性和主动性,学习效果才会更好,大学英语教学才可能摆脱目前的困境,在培养国家亟须的"国际化、创新型、懂外语的专业人才"方面发挥应有的作用。

第三节　课程建设案例:反向设计的大学英语课程

专门用途英语课程与通用英语课程以课程体系的形式支撑人才培养目标。笔者总结了其所在高校的大学英语课程体系建设,试图整体设计大学英语课程,以衔接专门用途英语和通用英语。思路是以成果导向理念,反向设计衔接专门用途与通用课程,从目标、内容、模式三个方面进行衔接,从而解决大学英语课程聚焦应用不适切、专门用途英语和通用英语缺乏衔接的问题。

一、反向设计的大学英语课程

教师应根据成果导向教育理念进行课程设计,构建以未来职业应用为成果导向,整体规划以专门用途课程为重点、通用英语课程为基础的大学英语课程体系。课程设计思路如下。

第一,学生从事未来职业需要什么英语能力,教师在教授专门用途课程时就聚焦什么目标。

第二,教师应以通用英语课程奠定专门用途英语课程需要的知识、技能、能力、思维、情感等基础。

反向设计的大学英语课程贯通了专门用途英语与通用英语教学,使得大学英语课程以课程体系形式发挥最大的育人作用。

二、专门用途英语与通用英语体系化建设的策略

(一)专门用途英语与通用英语教学的教学目标衔接

成果导向教育的课程设计需要教师明确学生完成学习过程后能够达到的最终学习成果。学生能够在未来职业中应用专门用途英语是大学英语课程的最终学习成果,教师应从这个角度衔接专门用途英语与通用英语的教学目标。

笔者教授的是军事英语,课程组将应用成果定位为两个目标:一是获取外方信息,二是从事涉外交流。

笔者根据这两个应用目标,对专门用途英语课程的教学目标进行了如下定位。

第一,知识方面,学生应具备语言、军事和文化方面的

知识。

第二，技能方面，教师应提升学生在军事领域的阅读技能、翻译技能、听说技能。

第三，思维方面，学生应具备遴选和评价信息的批判性思维，适应涉外工作的跨文化交际意识。

第四，能力方面，学生应具备获取外方信息的能力和军事涉外交流能力。

第五，情感态度方面，学生应坚定认同我国的外交立场，具有获取外方信息和从事涉外工作的意愿。

根据上述专门用途英语课程的目标定位，笔者细化了反向设计通用英语的目标。

第一，知识方面，学生应具备语言和文化知识。

第二，技能方面，教师应提升学生的听、说、读、写、译能力，重点提升他们的快速阅读技能、深度阅读把握言外之意的技能、听懂口音英语的技能等。

技能层面的目标与正向建设通用英语课程英语听、说、读、写、译技能均衡用力的做法不同，因为学生运用军事英语获取外方信息往往需要从庞杂的资料中搜集信息，快速阅读、深度阅读等能力是关键。同时，为了适应军事外交对象的多元化特点，教师需要强化并提升学生听懂口音英语的能力。

第三，思维方面，学生应具备遴选和评价信息的批判性思维，适应涉外工作的跨文化交际意识。

教师应在学生思维培养方面与专门用途英语保持一致，结合技能训练。学生在阅读外方文章时，要克服因立场站位不同带来的信息差,从中方的立场态度去把握语篇文字之下的含义。此时,教师需要配合批判性思维和跨文化意识,提升学生的深度阅读技能。

第四,能力方面,教师应提升学生的信息搜集、归纳、评价能力,以及跨文化交际能力。

第五,情感态度方面,教师应培养学生的家国情怀、国际视野和对外交流的意愿。

从以上论述可以看出,通过这种反向细化目标的设计,通用英语课程学习目标更加明确,为后续学习与应用奠定基础。

(二)专门用途英语与通用英语教学的教学内容衔接

传统的课程教学严格遵循规定进程,教师按照对学科的认识采用统一的教学内容。教师对课程进行反向设计后,需要根据教学对象在未来职业中应用英语的需求细化目标,重构学习内容,根据成果反向设计运用教材,补充辅助教学资源,从而衔接教学模块,使学生在学习通用英语时期便能掌握其未来专业或职业发展所需学习的专门用途英语的重点、思路、方法。

专门用途英语课程是基于学生的特定目的或特定需求而开设的英语课程,直接将目标场景应用、专门的跨文化交际场合和专业知识学习与语言技能训练结合起来,教学内容注重专门用途英语的词汇特点、语法特点、修辞特点,针对性和实用性强,其目标是使学生形成在专业或职业领域的英语应用能力。通用英语的主要学习内容为英语的语音、词汇、语法和语篇知识,但是由于未来目标需求,专门用途英语在教学目标和内容上会形成侧重点。例如,航海通信英语的技能目标重点是提高学生的英语听说能力。

在"通用英语＋军事英语"的大学英语课程中,由于其应用英语的主要目标场景是获取信息和军事涉外交流,那么教师在通用英语阶段进行的语篇教学不再将传统的文学修辞作为学生学习的重点,而是在阅读教学中注重学生获取信息的逻辑性、准确性;同时,为了使学生适应军事涉外交流的情景,教师应在各种语言训练中特别注重交流仪态,将外交礼仪内容引入英语课堂。教师以反向设计的方式改进大学英语的课程体系,改进通用英语耗时低效的问题,能够更加有效地提升整体教学效果。

教师可以利用混合式教学平台、选择优秀微课和慕课、补充教学文本和音频视频、建设第二课堂活动、构建真实和虚拟的专门用途英语应用场景等,从通用英语阶段就使学生初步了解专门用途英语的应用情景、内容、需求。

(三)专门用途英语与通用英语教学的教学模式衔接

教师应在通用英语学习阶段根据成果导向和专门用途英语学习需求设计开放式的学习模式,如任务式、产出导向式,设计语言输出的话题,体现人文性的特征。

教师在"通用英语＋军事英语"大学英语课程体系最后的军事英语学习阶段,采用项目式教学模式,设置了外军研究课题作为专门用途英语学习的成果。反向设计后,教师在通用英语学习阶段除了采用任务式教学法进行语言训练之外,也引入了社科研究课题的项目,作为后续专门用途英语学习模式的初步尝试,引导学生在通用英语阶段就学会搜集遴选信息、整合评价信息等,从而实现教学模式的衔接。

课程反向设计后,专门用途英语与通用英语的联系更加密切。因此,教师要统筹考虑并设计教学模式;通用英语阶段的学习模式要能够有效支撑专门用途英语阶段,进而达成学习成果。

第七章
教学模式革新途径

大学英语课程面临的教学困境主要体现在如下三个方面。一是课时压缩与课程教学内容拓展面丰富繁杂、英语技能形成需要充足训练时间的矛盾；二是非英语专业学生在大学英语课程中沿用了中学阶段的应试学习方式，致使学习兴趣不足、方法不当、费时低效、无法形成英语应用能力；三是课程建设滞后，不能适应全球治理新形势，课程不能有效支撑"四新"建设的人才培养目标。为走出上述困境，大学英语教师应对教学模式进行探索和创新。

《大学英语教学指南（2020版）》指出："大学英语教师要充分利用网络教学平台，为学生提供课堂教学与现代信息技术相结合的线上线下自主学习路径和优质丰富的自主学习资源，促使学生从'被动学习'向'主动学习'转变；大学英语课程教学可以采用任务式、合作式、项目式、探究式等教学方法。"

混合式学习指的是四个不同的概念：结合或混合多种网络化技术实现教育目标；将任何一种教学技术与面对面的教师指导的培训相结合；将教学技术与实际工作任务相混合或

结合,以形成良好的学习或工作效果。本章除了探索构建线上线下混合的教学模式之外,也尝试将实践教学以课内课外任务驱动的方式融入教学。

第一节　线上线下结合的混合式教学

2020 年,教育部印发《关于加快建设高水平本科教育全面提高人才培养能力的意见》,指出:"推进现代信息技术与教育教学深度融合,重塑教育教学形态,大力推进慕课和虚拟仿真实验建设,共享优质教育资源。随着信息技术发展助力,教育教学已经突破传统模式,重构教学关系,发展以混合式教学模式为特点的新型学习方式,以自主、学习和探究为主要特征,启动学习方式的改革。"混合式学习侧重的是学生学习活动的混合,本节主要探索的是线上线下学习活动的混合方式,即学生既有线上学习行为,也有线下学习行为。笔者基于大学英语课程的特点,构建混合式教学模式,以解决教学中的重点和难点问题。

一、大学英语课程混合式教学的问题

大学英语课程的混合式教学建设存在如下问题。

(一) 大学英语学习特点有别于其他课程

理工类课程中,教师传授知识,学生应用原理,通过练习加深对原理的理解。不同于其他人文类课程,大学英语课

程需要教师引导学生通过语言实践习得语言能力,需要反复的语言输入和输出。不同于理工类课程,大学英语课程涵盖内容广泛,教学内容不是由知识点构成,而是知识面的展开。混合式课程的平台、理念、方式等适用于理工类课程,而大学英语课程涉及大量开放性的语言运用,如果采用混合式教学,需要重新构建模式。

(二) 大学英语教学方式对课堂交互需求更高

与其他学科教学相比,英语教学对情感因素的依赖度更高,受学习焦虑度的影响也更大,从某种程度来说,其对面授的依赖度更高。基于这个原因,有的大学英语教师认为英语课不适合采用混合式教学的方式,因为线上授课即使实现了语言的交互,也存在情感交流不足的问题。

(三) 大学英语教学评价标准更加开放

混合式课堂的一个优势是大数据收集准确、高效。但人文类学科探究问题的答案是开放式的,无法应用混合式的大数据评判方式。聚焦应用层面的英语语言输出,具有开放性和自主性,难以全部用非 A 即 B 的方式来判断。

(四) 大学英语教师的信息化素养有待提升

多数大学英语教师毕业于文科专业,他们的信息化素养和应用新技术手段的能力相对较弱,信息化平台使用创新不足,如果不及时更新观念,会对混合式教学改革的推动形成障碍,不利于推动课程的混合式教学。

大学英语课程的混合式教学模式有待进一步探索和发

展。2020年春季新冠疫情期间,各院校启动了网课模式,开启了网络教学的新时代,教师和学生对于线上学习的利弊有了更深切的感受。各种混合式教学辅助平台迅速调整功能,适应线上教学。学生返校后,师生更加关注线上资源,混合式教学模式的改革也触手可及。

二、大学英语课程混合式教学模式的构建原则

大学英语课程是人文类课程,但其工具性特征鲜明。教师构建大学英语课程混合式教学模式可以遵循如下原则。

(一)思想性原则

以人文思想培树人文精神是人文类课程的重要功能。在学习目标上,教师应侧重对学生人文素养和思辨能力的提升;关注学生价值取向的形成,关注教学的育人容器作用;注重对学生家国情怀和国际视野的培养;通过思辨能力的训练达成对价值取向的思索。

(二)体系性原则

在学习内容上,教师应注重语言教学与语言话题所承载内容的融合;分析通用英语部分语言与社科文化、专门用途英语部分语言与专业知识之间的联系,注重知识面和学习深度的拓展,引导学生发散思维,拓展和深化学习;优化学习内容,知识性内容可以使用线上的丰富资源,利用好优质慕课资源。

（三）自我指导性原则

在学习方法上，教师应激发学生的学习动机和任务动机，体现自主学习与合作学习的方式，使学生感受到学习价值和学习目标的吸引力。教师应引导学生实现自我管理，如自我制定学习目标、搜集学习资源与支持；引导学生完成自我监控认知过程，通过反思与合作承担构建意义的主要责任，保证以有意义的方式把新知识整合进学生原有的知识结构中，实现学习目标。

三、大学英语课程混合式教学模式的策略

（一）课前以线上资源拓展知识广度，激发学习动机

教师预先准备大学英语课程所需的语料，不仅能够节省课堂时间，而且能够充实口语和写作内容，优化语言输出。教师在课前利用网络资源，搜集课堂任务素材是提升课堂教学质效的重要步骤。教师对于课前任务的设计需把握以下三个要点。

1. 利用平台广泛把握学情，获知教学的难点

教师应利用平台给学生布置自主学习任务，学生将学习需求、难点、疑问反馈到平台，如此，教师可以提前把握学情，获知教学难点，有针对性地在课堂上进行突破，解决课时不足与内容丰富的矛盾。

2. 引导学生学习优质慕课等混合式教学资源

人文类课程给人的思维定式是"需要背诵和记忆"，其实这部分"需要背诵和记忆"的内容是已经形成的人文知识部

分,需要理解并在头脑中形成基本轮廓,毕竟人文思维和思想都是建立在人文知识基础上的。慕课资源的发展改变了教育教学形态,使得优质教学资源得以共享,慕课和微课的形象化特质使得知识部分能够以直观的形式展示在学生面前,增强知识性内容的可理解程度。

3. 引导学生根据任务搜集网络资源

教师应设计探究式的课前任务,指导学生搜集课上需要掌握的知识性和思想性内容。混合式教学模式下,教师虽然不再需要传授每个知识要点,但是要指导学生自主学习,并在课上针对问题给予引导。这种模式有部分翻转课堂的特点,引导学生在课前完成知识传授过程,在课上进行知识内化。

4. 激发学生的学习动机

大学英语课程的学习受情感态度影响较大,课程承载的人文社科话题亦融合人文情感态度和人文精神。如果教师能够以混合式教学的方式,利用好课前学习阶段,帮助学生学习相关的情感态度,学生在课上的学习意愿将会大大加强,学习效果也会提升。

(二)课上利用平台功能,改变互动方式

在具体的课堂教学中,教师在讲授人文类课程与理工类课程时,对混合式教学平台的使用有区别。以雨课堂为例,其最大优势就是通过学生选择的选项来收集数据;人文类的课程中,思想性的内容往往是开放的,答案并非唯一,内容发散。因此,教师在使用混合式教学平台时需要进行设计。结

合课程特点和混合式平台的优势将有助于教师改变课堂互动方式。

大学英语课程以学为主的混合式课堂形式主要体现为探究式、研讨式、案例式等思辨式教学方式，以及演讲、讨论、角色扮演等传统课堂活动手段配合思辨类话题。线下教学中，因为课堂时间有限，教师无法给每个学生充分的展示时间。利用混合式教学平台，学生可以以录制视频、论坛发言等形式参与课堂活动，教师不仅可以把控学生研讨和探究的过程，还可以对每名学生进行针对性点评，实现个性化学习，提升课程的育人效果。

(三) 课后提升学习深度，指导自主学习方法

大学英语课程的课后任务包括语言学习，也包括课外实践。课外实践包括课下社会调研、社会服务、学术课题研究、第二课堂活动组织、实习实践等。教师在设计课前、课中、课后学习任务时要环环相扣、层层深入，引领学生学会学习方法，提升学生的个人能力。

大学英语课程由于具备技能习得性的特点，且外延拓展面广泛，因此，其课后的学习对自主学习需求高。教师需要结合课程教学指导学生形成学习方法，培养学生终身提升跨文化交际综合能力的自主学习方法和意愿。具体方式包括指导批判性思维、课程学习方法、社科研究方法、实践指南规范等，也包括指导学生如何开展小组学习、如何管理团队、如何制作 PPT、如何制作视频和美化视频等具体的课外实践方法。

(四)形成学习共同体,实现教学相长

课程的学习共同体由学生和教师共同组成,以全面提升英语运用能力和跨文化交际能力为目的,强调学习过程中的相互作用,通过人际沟通、交流和共享学习资源相互影响促进。混合式教学模式为学习共同体搭建了平台。

大学英语课程的内容与社会、国家、人类、文化、文明、历史、科技等方面密切相关,专门用途英语与学生的专业和职业密切相关。学生的学习态度、学习目的和学习效果很容易受师生双方情感态度的影响。教学过程中,教师对于人文和专业话题的情绪体验会有意无意地渗透到整个教学过程中。鉴于此,教师不妨将自己融入学习共同体,提升教学的深度和广度,与学生形成互动的人际沟通,从而对学生产生影响。

与此同时,学生的学习成果也可以为课程建设积累资源。例如,学生围绕任务要求制作的视频,经过遴选,将来可以作为教学视频微课;学生完成的调研和课题研究可以在校园网专栏进行展示,既提升学习效果和意愿,又丰富校园文化氛围。

第二节　课内外任务驱动教学模式

大学英语教学以英语的实际使用为导向,根据需求构建任务驱动的课程教学模式,覆盖课内外。任务驱动课程教学模式在任务教学法的基础上,借鉴了项目式教学,综合运用了多种教学方法,并结合大学英语教学特点,通过语言实践

任务驱动课程教学。

一、课内采用任务驱动教学模式

(一)任务驱动教学模式构建

为了进一步理解任务驱动的教学方法,教师除了应用语言学的任务教学法,还参考了教育学理论的任务驱动教学。根据各种教育研究文献,任务驱动式教学分为外驱论、内驱论、外-内驱论三种。

外驱论以任务驱动实施过程为主线,强调任务驱动式教学方法实施过程是教师在教学过程中,根据不同的教学内容创设不同的教学任务,学生通过与老师和同学的互动完成任务,最终实现对知识和技能的学习和掌握。内驱论在外驱论的基础上,强调在任务驱动式教学实施过程中,要通过教师设计的任务激发学生完成任务进行学习的主观能动性,学生完成任务的过程应是积极的、主动的,而非应付的、被动的。在这个过程中,任务不仅是教学内容的载体,更是学生主观能动性发挥的关键,是学生内驱力产生的源泉。因此,任务的设计要能够激发出学生的学习动机。外-内驱论则综合了上述两种观点,指出任务驱动式教学方法是指教师在创设富有趣味性、能激发学生学习兴趣和学习动机情景的基础上,根据教学内容设计教学任务,学生在完成任务的过程中实现知识的学习和技能的掌握。

从以上三种方式可以看出:外-内驱论从任务设计本身出发,既强调任务设计的重要性,通过趣味性、吸引力调动学生完成任务的主观能动性,又通过创设完成任务后的情景,即完成任务后所取得的结果或学生可能取得的收获,进一步激发学生学习的动力,使学生更加积极主动地承担任务、完成任务。

任务驱动的教学模式借鉴了项目教学法的理念。项目教学法中的项目设计比任务教学法中的任务设计难度要大,强调知识技能的融会贯通,可供大学英语任务驱动教学模式借鉴。

大学英语课堂的任务驱动就是语言实践任务驱动。在特定的跨文化交际情境下,学生通过课堂学习学以致用,以交际为手段,以交际为目的,形成英语运用的综合能力,适应未来全球治理背景下的职业发展需求。因此,教师应在课内以任务教学法为主,综合运用合作、项目、探究、翻转课堂的理念,构建任务驱动的教学模式,如图 7.1 所示。

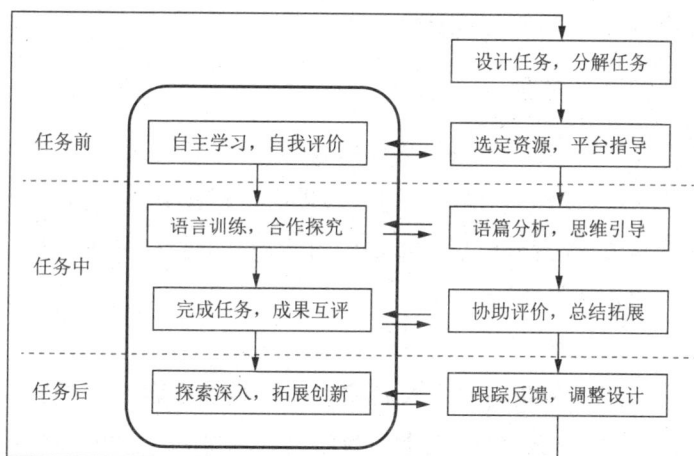

图 7.1 任务驱动的大学英语教学模式

(二) 任务驱动教学模式特点

相较于以往的任务驱动教学模式,图 7.1 所示的模式具有如下特点。

1. 整个教学设计分为教和学两个部分,学为主线

学生完成任务的活动贯穿整个教学程序,教师始终处于协助、引导和管理的角色,充分体现以学为中心的本质。

2. 突出自主学习能力的培养

教学流程的四个环节中,每个环节都以学生为主体,充分发挥了学生的自主作用,提升了教学质效,以自主学习能力的提升促进学生的个性化学习,从而适应全球治理背景下学生的职业发展。

3. 教学形成闭环

课后模块的拓展创新与学生个性化学习相结合。教师将跟踪反馈结果融入下一讲或下一轮教学中,将教学反思纳入新的教学设计,形成良性闭环。

(三) 任务驱动教学程序

教师根据学习目标、语篇内容、学习重点设计任务情景、任务内容、任务形式和任务步骤,进而分解任务,形成教学程序的具体内容;同时以学生的学习活动来分析任务驱动教学模式的教学程序。

1. 自主学习,自我评价

上述任务驱动教学模式的任务前模块中融入了翻转课堂的部分理念。翻转课堂的教学内容并非以传统的知识传授为主,而是以支持学习活动开展为主,即支持学生在课堂

上完成语言实践任务。因此,课前的自主学习既包括英语语言知识技能学习,也包括语料的积累。

教师应负责选择资源或制作资源。教师可将优质的慕课、微课、文献资料、网络资源等纳入选择范围,针对所设计的任务指导学生学习,布置课前任务。教师选用平台,学生进行课前学习和自我评价,提出疑点和难点,教师记录并管理学习过程。

2. 语言训练,合作探究

教师应根据教学目标和语料内容设计语言训练的形式,学生带着任务前的学习成果和问题来到课堂,通过教师精讲进一步内化知识,完成语言的输入和输出。

任务设计应具备开放性和思辨性特点。教师在过程中发挥引导和鼓励的作用,引导学生学会合作与探究,让学生在学习过程中进一步运用语言,提升学生的语言技能。

3. 完成任务,成果互评

学生完成任务时,需要把成果进行归纳综合,以具有充实内容的报告、计划、实践等形式完成。在展示成果过程中,学生进行自我评价和互评,教师引导学生加深对问题及内容的理解与掌握。由于课堂时间有限,学生可以利用多种信息化平台或手段进行展示,如录制小视频。

成果交流过程中,教师应给予及时的评价,并不断通过问题让学生澄清、细化自己的认识和理解。同时,教师要根据教学设计目标和完成情况进行总结,以便明确地聚焦关键问题。教师还应对学生的成果进行充分的肯定并给出清晰的改进意见。

4. 探索深入,拓展创新

学生通过反思所学进一步拓展,形式可以是论文、学习报告、实践性探究等;教师通过学习平台继续跟踪学情,反思教学,并根据教学实施的具体情况进行反馈,修改教学设计。

在整个教学程序中,学生不再机械地操练语言,而是充分利用资源,在教师的指导下完成思辨的学习任务,通过师生、生生互动激发思维的火花。整个教学过程以学为中心,给学生保留了充分的个性化空间,学生能够自主反思和创新。

二、课外采用第二课堂活动引导语言实践

美国语言学家克拉申在《第二语言习得原理和实践》中提出了第二语言习得理论。该理论包括五大假说,即习得与学得假说、自然顺序假说、监控假说、输入假说、情感过滤假说。其中输入假说是其理论最重要的组成部分。克拉申认为,第二语言学习者通过习得和学习两种途径来学习语言:一方面,外语学习是一个潜意识的过程,类似儿童习得母语;另一方面,外语学习是一个有意识的过程,在这一过程中,学习者有意识地按一定的自然顺序从简单到复杂学习语言规则、记忆单词、阅读文章等。克拉申理论中的输入是指可理解的输入(Comprehensible Input),是输入假说理论的核心,也是学习语言的关键。假设我们把这个输入看成"$i+1$",那么学习者已经具备的语言能力就是"i",输入的语言材料要略微高于"i",即"$i+1$"。语言输入的材料应该具备可理解性、实用性、趣味性和相关文化性。

为了拓展和深化课内教学,大学英语课程的第二课堂应

具备"$i+1$"输入的特征。第二课堂活动的设计应该为学生搭建可理解性输入的平台,即构建语言应用的模拟或者真实情景,同时设计多元化的语言实践活动形式,体现实用性、趣味性和文化性。

(一) 第二课堂活动在大学英语课程教学中的作用

1. 参加第二课堂的语言实践,提升语言学习的质效

大学英语第二课堂活动本身是课堂教学的延伸与拓展,具有课内教学不具备的优势。大学英语教学需要充足的语言输入和输出训练,但是目前高校的大学英语课程作为公共基础课程,具有班级规模大和课时少的特点,语言输入、输出的量和时长都难以保证。第二课堂活动通过构建模拟或真实情景,为学生提供语言实践平台,弥补了课堂语言输入、输出的数量和时间,是将课堂学习知识转化为英语运用能力的有效环节。

2. 独立或在教师指导下完成模拟或真实任务,培养批判性思维和探究能力

在互联网资源唾手可得的今天,传授知识已经不再是高等教育的主要目的,高等教育首先要培养学生的思维。思维能力的训练来自完整的发现问题、解决问题、评估方式的过程,第二课堂活动真实地展现了现实世界完成工作的整个过程。学生需要在参与或组织第二课堂活动中,完成模拟或真实任务,提升自己的思维和探究能力。

3. 组织跨文化情景下的第二课堂活动,提升学生的跨文化领导力

比起课堂教学的单一模式,大学英语第二课堂活动旨在

构建模拟真实的跨文化情景。学生在参与或组织活动的过程中,可以与外教、其他外籍人员、老师和同学打交道,通过沟通、合作、协商等提升自己的跨文化交际能力和领导力。

4. 模拟专业或职业相关情景的第二课堂活动,提升学生以英语解决专业问题或从事未来职业的能力

专门用途英语具有鲜明的实用特征,教师通过开设第二课堂,让学生在相关情景下应用英语,不仅可以提升学生用英语解决问题的能力,而且能够培树学生的职业情结,是思政和思维培养的重要渠道。

(二)第二课堂活动的设计策略

1. 有针对性地设计参与类、竞赛类和情景类第二课堂活动

根据目的和特征,第二课堂可以分为参与类、竞赛类和情景类。

参与类第二课堂活动的目的是让学生通过参与英语类的活动,如英语角、读书沙龙,难度更高的有英语配音、戏剧表演,提高学习英语的兴趣,改善学习的情感态度,缓解学习焦虑。参与类第二课堂活动的门槛不高,趣味性强,焦虑度低,适合所有水平学生。

竞赛类第二课堂活动是指学生参加竞赛,在教师指导下通过自主学习进行密集训练,经过反复的输入、输出训练,强化提升学生的英语单项或综合应用能力,如演讲、辩论、写作、阅读比赛。竞赛类第二课堂活动有一定的参与水平要求,主要面向英语能力较好的学生,能够在短期内迅速提升学生

的英语技能。

参与类和竞赛类的第二课堂活动在高校中较为普遍,一是多数高校都具有开设这两类第二课堂的传统,二是这两类活动不受外部条件限制,可以在校园自由举办,经费要求也不高。

情景类第二课堂活动分为模拟情景和真实情景,更加注重提升学生以英语解决问题的能力和跨文化交际能力。此类活动兼具前两类活动的趣味性、技能性、普及性和应用性,能够提升学生的综合能力,拓宽学生的国际视野,经过设计可以与学生的未来工作衔接,但情景类活动对条件、经费、组织、能力等要求较高。

教师在设计第二课堂活动时,应明确不同活动形式的目标、内容、特点,结合第一课堂进行整体设计,组织学生参与。例如,教师可以组织刚入校的低年级学生参加英语角、配音比赛类活动,提高他们的学习兴趣;教师应鼓励英语能力强、拟出国学习或从事涉外工作的学生参与各类竞赛,密集提升他们的语言技能;教师可以将情景类第二课堂与专门用途英语相结合,突出对学生跨文化交际能力的培养。将第二课堂活动作为课程建设的部分,统筹规划在课程教学当中,有助于真正发挥第二课堂的作用。

2. 加强筹划、管理和指导力度

经过调研发现,目前高校第二课堂活动往往依托英语俱乐部之类的学生组织进行建设(俱乐部受学院管理),有的高校会指派教师对参赛的学生给予指导。举办大型活动时,高校会指派负责的辅导员或教师,使用学术报告厅等场地;举办小型活动时,直接将教室布置一番作为活动场地。主要存在如下问题。

一是管理和指导的效果不能有效配合教学,无法充分发挥育人作用。课堂教学有督导等多种监管形式,无论是从形式还是从内容上都能够保证实现效果;第二课堂的承办者是学生组织,管理相对松散,这样的形式突出了第二课堂活动的特点,实现了学生的自我管理,但学生在组织活动时,即便考虑得再周密、思路再创新,也难以将人才培养、课程建设的教学因素全部考虑在内。二是条件建设不到位。第二课堂和课堂教学的区别之一就是场所不同。虽然目前高校在硬件设施配备方面日趋完善,但是大学英语课程的条件建设更多是配合课堂教学来建立,地点、设施、设计上未兼容第二课堂的场地特点,灵活性不足,导致学生自发的第二课堂活动在开展过程中需要借用场地,且场地难以满足活动需求。

第二课堂活动模拟的情景接近学生未来的实际工作,能够提升学生的多种能力素质。从目标能力素质来说,第二课堂活动的开展涉及学生的英语应用能力、跨文化交际能力、组织管理能力、领导力等多种能力素质,与其他课程的目标密切联系,可以融合多元能力目标要素。因此,可以由学院或系进行规划,将大学英语丰富的第二课堂活动与各门相关课程的目标融合,构建成体系的第二课堂平台。在规划完善条件设施建设时,应充分考虑第二课堂活动的特点,体现小型化、多样化、多元化、便捷化的场地特色,设计模拟场景,融入信息技术,为学生活动搭建良好的平台。

第八章
大学英语教师的自我成长之路

《大学英语教学指南（2020 版）》指出："提升大学英语教师的育人素养、学科素养、教学素养、科研素养和信息素养是保证大学英语教学质量的关键。"因此，要充分发挥课程教学在人才培养中的作用，大学英语教师需要具备较深厚的专业知识和熟练的英语应用技能、良好的教学能力和科研学术能力、较强的人文素养和跨文化能力。为了从事专门用途英语教学，教师还应具备一定的以英语从事某种职业的经验。

大学英语作为公共课，学时长，所有非英语专业学生都要学习，教师与学生的接触面广。因此，应更为注重大学英语教师队伍建设，以切实提高人才培养的效果。根据新形势下大学英语教学改革聚焦学生国际化素质的要求，为了实现课程思政、思维培养，并适应大学英语向专门用途英语的改革，笔者在本章分析了大学英语教师的能力素养构成，并探讨了其成长之路。

第一节 大学英语教师能力素养

大学英语教师要夯实学科专业知识，具备熟练的语言技能、较好的教学和科研学术能力以及较强的人文素养和跨文化交际能力。专业知识和英语技能是决定一位教师能否成为合格教师的关键。教学和科研学术能力决定了教师教学改革的创新能力，而人文素养和跨文化能力决定着教师是否具备合格的国家化素质，是否能将大学英语课程真正推到为国育才的高度去实现。

一、专业知识和英语技能

大学英语教师首先应该是英语语言的专家学者，同时能够熟练地运用英语。

在专业知识方面，教师应该具备较深厚的英语语言学基础，至少要具备广泛的语言学知识，因为如何教授语言实际上是建立在如何认识语言基础上的。教师的教学理念和教学方法亦基于语言学背景之上。例如，功能语言学专业背景的教师更注重学生以言行事的能力，认知语言学专业背景的教师更注重学生对语言和文化的领悟。无论教师从何种渠道介入语言教学，都可以提升学生的语言能力，但如果不具备充足的语言学知识背景，教学容易停留在语言表层。停留在表层的英语教学会变成语言技能操练，耗时、低效，不利于培养学生的思维能力和自主学习能力，无法适应新形势的需求。

在语言技能方面,教师要能够熟练运用英语,具备较强的听、说、读、写、译能力,如此才能在确保学生语言输入质量的同时,有效地帮助学生控制语言输出质量,从而较好地把控课堂。

二、教学和科研学术能力

大学英语教师应具备较强的教学能力,包括教学设计能力和教学实践能力,还应具备较强的科研学术能力,因为科研学术是推动教学改革创新的关键。

教学设计能力包括课程建设能力、课堂教学设计能力,教学实践能力包括教学组织能力、信息技术应用能力、教学评价能力。其中,课程建设能力易被忽视,因为课程建设是宏观的课程体系或课程规划,往往由学院、系或者课程负责人负责,似乎与一般的教师无关。实际上,课程建设与教学改革能力密切相关,涉及课程各方面的细节,需要教师把握。如果教师能从课程建设的角度介入课程教学,那么便能更好地解决教学目标设定、通用英语和专门用途英语衔接、课堂和第二课堂衔接等方面存在的问题。

大学英语教师的科研学术能力相对薄弱,存在如下原因:一是科研学术工作的时间不足;二是教学与科研方向不一致;三是科研意识淡薄;四是科研环境欠佳;五是科研经费不足。种种原因导致了大学英语教师往往为了晋升职称才进行科研学术工作,不利于他们科研学术能力的形成,必然会制约其教学能力的进一步提升。

三、人文素养和跨文化交际能力

除了作为国际交流的工具之外,大学英语有着鲜明的人文性特征,课程承载着丰富的人文学科内容,教师只有具备丰富的人文知识和人文思想,才能具备育人素养,传递中外文化文明中的精神要义。

党的十八大报告首次把"立德树人"明确为教育的根本任务,党的十九大报告提出"落实立德树人根本任务"。"立德",就是坚持德育为先,通过正面教育来引导人、感化人、激励人;"树人",就是坚持以人为本,通过合适的教育来塑造人、改变人、发展人。大学英语课程学时长,大部分专业的学生都需要学习,大学英语教师应该主动担负起"立德树人"的责任。首先,大学英语教师应提高人文素养,如此,他们在解读课文承载的国家、社会、历史、文化等内容时,才能把正确的世界观、人生观和价值观传递给学生,同时将国际视野和家国情怀具体化,并以特有的个性魅力影响学生。其次,大学英语教师需具有跨文化交际意识,掌握与跨文化交际相关的知识,能够用英语应对特定目标场合的跨文化交际情景。他们除了要具备相关的知识储备,还需要具备跨文化经历和经验。

总之,教师需要具备一定的以英语从事相关跨文化工作的能力和经验,才能够确保教学各个环节能够有效开展并最终实现目标。

第二节　大学英语教师发展途径

尽管面临各种困境,但是为了适应全球治理的新发展,为"四新"建设培养人才并输送到各行各业,大学英语教师需要拓展自身发展。

一、构建学习共同体,提升教学科研能力

知识的更新和信息的获取不能仅靠教师个体的自主学习。1997年,美国教育研究者霍德(Hord)首次明确提出"教师专业学习共同体"这一概念。教师专业学习共同体是指教师专业发展过程中建立起来的具有相同目标,共同参与专业发展的计划、实施和反思的智力团体。

"教师专业学习共同体"的概念可追溯至"学习共同体和共同体"理论,它具有"相互支持和共享的领导关系、集体创造与实践、分享价值观和共同愿景、提供支持性的条件、分享知识与经验"五个特点。民主观念、合作文化的思想理论和协同、互动的社会理论是其产生和发展的理论背景。教师专业学习共同体的基本要素主要包括共同促进教师专业化的愿景、合作文化氛围、学习共同体的内部成员结构、教师反思与实践性的循环学习方式。

大学英语教师也需要建立多元的学习共同体。

第一,不同专业研究方向的教师组成的教学团队可以在学科前沿、教学理念上产生思维碰撞。

第二,不同教学优势的教师组成的教学团队可以集体备

课、参加教学比赛、完成科研项目等。

第三,不同英语课程教师团队的学习共同体可以实现学校英语课程体系的互补统筹。

第四,"英语教师+专业教师"结成跨学科学习共同体,可以实现英语教师了解专业行业知识与发展、优化专门用途英语教学、提升个人英语实践能力。

第五,"英语教师+专业行家"组成学习共同体,使英语教师能够明确英语使用的跨文化交际情景,对于提升他们的跨文化能力有实际意义。

多元的学习共同体能够产生思维碰撞、智慧交锋和知识互补,从而实现教师的专业发展,满足培养社会需要的具有国际视野的高层次、专业化人才的需求。

二、树立终身发展意识,持续优化知识结构

时代在变化,育人的观念和方法也在逐渐发展,教师的知识储备及教学技能不是一劳永逸的,学科知识、教学理念、教学方法、科研学术、信息化平台的应用等能力都需要与时俱进。教师要树立终身发展的意识,不断更新自己的教育观念,拓展专业领域,完善教育行为,适应教师角色,这是一个持续不断的过程。

大学英语教学的核心目标虽然是提高学生的英语应用技能,但是该课程涵盖了庞杂的人文性内容,学生未来应用英语与其专业和职业相关。如果教师知识结构单一,将无法满足课程的育人需求,也不能满足不同专业学生对英语的多元需要。同时,通用英语与专门用途英语的结合是大学英语

课程发展的必然趋势,对教师的知识、技能、素养都提出了更高要求。

大学英语教师的知识结构要从单一的"英语知识＋文化知识"向"语言学知识＋英语知识＋人文知识＋专业和行业知识＋教学相关知识"转变。

第一,语言学知识奠定理论基础,确保教学的深度和挑战性,赋予教师灵活更新教学理念的能力,为教学改革创新附加潜力。教师需要保持阅读学术著作和文章的习惯,经常参加学术会议,进行学术交流,了解本领域学术研究前沿动态,拓宽自己的理论视野。

第二,英语知识是课程教学的基本需求,需维持课堂有效的输入、输出。教师需要常态化提升个人的英语知识和能力,丰富个人的英语实践经历。

第三,人文知识涵盖跨文化知识,包括中外语言、历史、文化、文学、社会、哲学、法律等宽广的知识,是提升教学深度和广度、增强育人效果的必备知识基础。教师需要通过自主学习、参与培训,或者选择感兴趣的课程自学。

第四,专业和行业知识是专门用途英语的关键知识,如果教师缺乏相关知识背景,则无法开展专门用途英语教学。除了自主学习和学习课程之外,教师应动态把握社会和学生毕业所从事行业的发展动态,使其教授的课程的育人目标定位更加精准。

第五,教学相关知识是教师提高教学质量,提升自身的课程建设能力、教学改革能力、教育科研能力不可或缺的内容。

传统观念中的英语教学主要依靠 70 年来发展至今的应用语言学理论支撑,包括二语习得、语言错误分析、语言测试等。上述理论为外语教育做出了很大贡献,但是始终集中于对外语教学活动的方法研究上。在外语教育的背景下,大学英语教师为了支撑教学,除了需要学习教育学、心理学这样与教学直接相关的理论,还需要学习管理学、传播学等内容,拓展教学视野,深化教学领悟,提升自己对课堂的把控能力,提升课堂互动质量。

大学英语教师面对的是"四新"建设的众多非英语专业学生,他们的水平和需求多样化,随着其专业和行业发展而不断变化。优化自身知识结构成为大学英语教师不断适应时代、转型发展的重要内容。教师只有树立终身发展的学习意识,行之有效地学习并更新知识,才能够满足学生的多元化需求。

三、针对专门用途英语改革,提高双师型教师素质

大学英语教师的传统职业定位是具备英语教学能力的专业型教师。为了更好地适应通用英语教学向专门用途英语教学的转化,提升教学效果以及学生未来的适岗能力,大学英语教师需要向既有教学能力又有行业工作实践经历的双师型教师转变。

高校应制定政策,完善机制,建立科学长效的对外交流合作机制,搭建好英语教师与企事业单位之间沟通的桥梁,提高教师的社会服务能力,有效提高教师的双师素质。高校可以定期聘请企事业单位相关人才来校讲座,让师生进一步

了解英语教学在其专业技能培养中的地位和作用。教师自身要发挥自主性,加强与企事业单位的沟通交流,在科研学术课题中更多地探索专门用途英语方向,借机了解行业需求与动态发展,提升自身的专业素质和实践教学能力。

四、主动适应教育新形态,提升教师信息素养

信息素养是教师保证大学英语教学质量的关键素养之一。20世纪70年代,美国信息产业协会主席保罗·泽考斯(Paul Zurkowshi)首次提出"信息素养"(Information Literacy)的定义,强调信息素养是运用信息技术解决问题的能力。2019年10月,教育部发布《教育部关于深化本科教育教学改革全面提高人才培养质量的意见》,提出要积极发展"互联网+"教育,探索智能教育新形态,推动课堂教学革命。

在"互联网+"的背景下,高校教师欲转型,信息素养是关键因素。随着高等教育从知识培养向思维培养转变,教学目标多元化,教学难度不断增大,传统的教学手段在实际教学中面临的问题不断增多。

第一,教师需要掌握使用信息工具的方法,适应教育教学的发展需求,充分利用信息化手段辅助教学,进行微课、慕课建设,形成体系的教学资源,进一步提高社会服务能力。

第二,教师提升信息素养有助于培养适应信息化时代的高素质人才。当今学生处在海量的互联网信息中,教师需要引导学生学会通过不同途径掌握信息、筛选鉴别信息、梳理知识系统、学习相关学科、开拓资源宽度的方法。既然信息素养是学生必备的素养,那么教师也应该具备基本的相关

能力。

　　提升教师的信息素养,并不是要求每一位教师都能够精通计算机,而是让每一位教师都能够具备基本的信息化技术应用能力与意识,保证教师能够紧随现代快速发展社会的步伐,从容地面对互联网带来的教育变革与挑战。教师信息素养的提升不是一蹴而就的,而是一个长期的过程,需要教师本人及高校共同努力来实现。教师要注重理论学习和教学实践,关注信息素养提升,平时加强学习和交流,主动接触和运用信息化手段教学,运用新信息技术不断丰富教学资源和教学途径,为学生创造个性化的自主学习环境。此外,高校要高度重视信息化教学和教师信息素养的提升,通过邀请信息化教育专家到校开展培训、定期组织教师进行信息化教学竞赛、开展信息化教学互评或观摩等途径来提升教师信息素养,进而提高大学英语教学效果。

参考文献

1. Brodbeck，Felix C. Cultural Variation of Leadership Prototypes Across 22 European Counties［J］. *Journal of Occupational and Organizational Psychology*，2000，*73*（1）：1-9.

2. Croft W.，Cruse D.，etc. 认知语言学［M］. 北京：北京大学出版社，2004.

3. Driscoll，M. Blended Learning: Let's Get Beyond the Hype［J］. *E-Learning*，2002（4）：1-4.

4. Rybold G. 英语辩论教程［M］. 北京：外语教学与研究出版社，2010.

5. Halliday M. A. K.，McIntosh A. Strevens P. *The Linguistic Sciences and Language Teaching*［M］. London: Longman，1964.

6. Hutchinson T.，Waters A. *English for Specific Purposes: A Learning-Centered Approach*［M］. Cambridge: Cambridge University Press，1987.

7. Krashen S. *Principles and Practice in Second Language Acquisition*［M］. New York: Pergamon，1982.

8. Mackay R., Mountford A. *English for Specific Purposes*[M]. London: Longman Group Limited, 1978.

9. Skehan P. *A Cognitive Approach to Language Learning*[M]. Cambridge: CUP, 1998.

10. Spitzberg, B. H. A. *Model of Intercultural Communication Competence*[M]. Belmont: Wadsworth Publishing, 1998.

11. 蔡基刚. 从语言属性看外语教学的工具性和人文性 [J]. 东北师范大学学报(哲学社会科学版), 2017(2): 6-11.

12. 方洲, 王玉珏. 课程思政理念下高校教师的角色转换 [J]. 教师教育学报, 2019, 6(3): 37-44.

13. 顾飞荣, 嵇胜美. 近 15 年国内 CBI 外语教学研究评述 [J]. 韶关学院学报(社会科学版), 2009(11): 133-137.

14. 顾霄勇, 孙剑平, 梁瑞兵. 跨文化企业组织领导力评价体系的构建 [J]. 企业管理, 2014(23): 186-188.

15. 郭燕, 徐锦芬. 我国大学英语教师专业发展共同体建设研究 [J]. 外语界, 2015(5): 79-87.

16. 何斌, 李泽堂, 郑弘. 跨文化领导力的内容结构模型及其验证研究——以中德跨文化团队为例 [J]. 经济管理, 2014, 36(12): 83-94.

17. 洪卫. 专门用途英语教学法的理论与实践 [M]. 西安: 西安交通大学出版社, 2008.

18. 黄若容. 提高英语听力课教学质量的尝试 [J]. 外语界, 1998(2): 29-33.

19. 靳诺. 全球治理的中国担当 [M]. 北京: 中国人民大学出版社, 2017.

20. 鞠金城,韩泽亭. 以培养大学生人文主义思辨能力为核心的语言学课程改革与内容体系建设 [J]. 课程教育研究:学法教法研究, 2018 (26): 14-16.

21. 李海霞,张非男. 知行合一教学相长——清华大学名师谈创新教学六要素 [J]. 北京教育(高教), 2014 (1): 65-67.

22. 刘晓民,刘金龙. 大学英语翻译教学:问题与对策 [J]. 山东外语教学, 2013 (5): 69.

23. 鲁卫群. 跨文化教育引论 [D]. 武汉:华中师范大学, 2003.

24. 罗祖兵. 有效教学的过程性阐释 [J]. 教育研究, 2017 (9): 91-105.

25. 莫雷. 教育心理学 [M]. 北京:教育科学出版社, 2007.

26. 纽南. 任务型语言教学 [M]. 北京:外语教学与研究出版社, 2011.

27. 彭勇穗. 跨文化交际能力:概念与启示 [J]. 语言教育, 2019 (3): 5.

28. 谭伟平. 大学人文教育与人文课程 [M]. 长沙:湖南人民出版社, 2005.

29. 王定华,杨丹. 人类命运的回响——中国共产党外语教育 100 年 [C]. 北京:外语教学与研究出版社, 2021.

30. 王定华,曾天山. 民族复兴的强音 [C]. 北京:外语教学与研究出版社, 2019.

31. 文秋芳. 构建"产出导向法"理论体系 [J]. 外语教学与研究, 2015, 27 (4): 547-557.

32. 文秋芳,毕争. 产出导向法与任务教学法的异同评述 [J]. 外语教学,2020,41(4):42-43.

33. 文秋芳,王建卿,赵彩然,等. 构建我国外语类大学生思辨能力量具的理论框架 [J]. 外语界,2009(1):37-43.

34. 杨叔子. 科学人文,不同而和 [J]. 高等教育研究,2003(3):17.

35. 杨自俭. 关于外语教育的几个问题 [J]. 中国外语,2014(1):16-18.

36. 姚利民. 有效教学论:理论与策略 [M]. 长沙:湖南大学出版社,2005.

37. 姚香泓,邓耀臣,傅琼,王雅楠. 课堂展示准备阶段形成性反馈效果研究 [J]. 外语与外语教学,2014(2):60-65.

38. 叶蜚声,徐通锵. 语言学纲要 [M]. 北京:北京大学出版社,1997.

39. 张卫华. 大学英语教师职业倦怠特殊型的成因探索 [J]. 赤峰学院学报,2009(10):185-186.

40. 张云勤. 基于交叉学科视角的专门用途英语教学研究 [J]. 当代外语研究,2014(3):38-41.

41. 赵兴龙. 翻转教学的先进性与局限性 [J]. 中国教育学刊,2013(4):65-68.

42. 中共中央宣传部. 习近平新时代中国特色社会主义思想学习纲要 [M]. 北京:人民出版社,2019.

43. 左焕琪. 外语教育展望 [M]. 上海:华东师范大学出版,2002.